U0846601

高等职业教育安全保卫专业群规划教材
北京市职业教育分级制改革试验项目成果

消防电气施工质量管理实务

主　编　薛婷婷

中国人民公安大学出版社
·北　京·

图书在版编目（CIP）数据

消防电气施工质量管理实务／薛婷婷主编. —北京：中国人民公安大学出版社，2018. 4

ISBN 978 - 7 - 5653 - 3233 - 3

Ⅰ. ①消…　Ⅱ. ①薛…　Ⅲ. ①消防设备—电气设备—电气施工—质量管理—高等职业教育—教材　Ⅳ. ①TU998. 13

中国版本图书馆 CIP 数据核字（2018）第 047074 号

XIAO FANG DIAN QI SHI GONG ZHI LIANG GUAN LI SHI WU

消防电气施工质量管理实务

薛婷婷　主编

出版发行：中国人民公安大学出版社
地　　址：北京市西城区木樨地南里
邮政编码：100038
经　　销：新华书店
印　　刷：北京谊兴印刷有限公司

版　　次：2018 年 4 月第 1 版
印　　次：2022 年 2 月第 2 次
印　　张：12.25
开　　本：787 毫米 × 1092 毫米　1/16
字　　数：277 千字

书　　号：ISBN 978 - 7 - 5653 - 3233 - 3
定　　价：42. 00 元

网　　址：www. cppsup. com. cn　　www. porclub. com. cn
电子邮箱：zbs@ cppsup. com　　zbs@ cppsu. edu. cn

营销中心电话：010 - 83903254
读者服务部电话（门市）：010 - 83903257
警官读者俱乐部电话（网购、邮购）：010 - 83903253
教材分社电话：010 - 83903259

本社图书出现印装质量问题，由本社负责退换
版权所有　侵权必究

高等职业教育安全保卫专业群规划教材

编审委员会

主　任：郑振远　许传玺

副主任：杨玉泉

委　员：李　伟　付忠勇　杨　春　朱　明

海　南　金玉兰　张　林　李国华

周　超　者美杰　史彦林　屠连生

殷卫宏　尹　杰　李万明　孙风雨

秦嘉黎

消防电气施工质量管理实务

主　编： 薛婷婷

副主编： 孔庆仪

撰稿人：（按姓氏笔画排序）

孔庆仪　闫　宁　张　磊　薛婷婷

序

伴随着世界多极化、经济全球化、文化多样化、社会信息化的深入发展，新一轮科技革命和产业革命蓄势待发，我国国家发展也进入了新的重要战略机遇期。与此同时，国际国内形势也面临诸多风险与挑战，传统安全威胁和非传统安全威胁交织，安全工作成为确保我国在这一深刻变革阶段社会稳定、和谐、进步的重要组成部分。

北京政法职业学院自2004年申办安全保卫专业后，又先后于2009年申办安全防范技术专业，2010年申办消防工程技术专业。在专业建设过程中，紧密贴合区域社会经济发展形势和行业企业人才需求，逐步形成了以国内安全保卫专业为龙头，安防、消防专业为两翼，涵盖三大专业六个专业方向的“一保两防”安保专业群。通过建设国内首个“校政企行”安保职教联盟，建设了国内一流的专业实训基地，培养了一批国际化、专业化、职业化的专业师资团队，建设了涵盖国家级精品课、司法部精品课在内的三大专业特色课程体系。特别是借助北京市教委职业教育“十二五”规划重点建设项目——职业教育分级制改革试验项目，安保专业群的办学理念不断深化、专业特色不断凸显、课程改革不断深入、人才培养质量稳步提升，安保现代职业教育体系雏形初步显现。为及时总结和固化近几年的专业建设和课程改革的成果，我们论证并编写了安保专业群规划教材。该套教材秉承“从职业出发，以学习者为中心”的理念，主要体现了以下特色：

第一，国际视野，对接职业标准。本套教材在内容的编写上，以《保安员国家职业标准》、《保安服务管理条例》等国家规定为依据，对接了注册消防工程师证、建构筑物消防员证、安防设计评估师证、防爆安检证等多个国家职业资格证书的培训和鉴定标准。同时，借助专业群大量的国际交流，特别是与澳大利亚的国际合作办学，引入澳大利亚公共安全与风险管理职业证书标准，使教材的编写保持了国际视野，具有规范的职业标准、较强的实用性和指导性，以期在今后一段时间内，发挥全套教材对国内安保教育与培训领域的辐射引领作用。

第二，校企合作，共同开发。本套教材在编写过程中，始终坚持校企共同开发，紧密对接岗位职责、典型工作任务和用人标准，充分体现课岗结合，将大量企业提供的真实案例充实其中，构建了基于真实工作任务的学习情境，保证了教材内容的实用性、开放性和可操作性。

第三，以人为本，突出能力培养。本套教材整体上均坚持高等职业教育教材的编写要求，即内容的组织与安排均以岗位胜任力的培养和形成规律为依据，融“教、学、做、训、评”为一体，各教学单元模块化、教学内容项目化，普遍适用于采用行动导向教学法的课堂教学，更加符合高职学生的心智特点和职业需要，便于教师在教学实践中使用。

本套教材的编写和出版，得到了北京政法职业学院领导、教务处、相关职业教育研究人员的高度重视和大力支持，得到了中国保安协会、北京保安协会、伟之杰安保集团、华信中安集团、中城卫集团、公安部第一研究所等多位行业专家的指导和帮助，是安全防范系各专业团队同仁们多年研究、实践，拼搏、奋斗而凝聚的成果。中国人民公安大学出版社在教材的策划、编写、版式设计等方面给予了专业的指导和无私的帮助，才使这套教材得以顺利出版。在此，一并表示衷心感谢！

希望这套教材能够对全国安全保卫专业群各相关专业的建设和改革起到一定的推动作用，能够为相关专业的教师、学生、社会学习者和研究人员提供帮助。由于专业群始终在发展，积淀尚不算深厚，教材的专业水平受到一定局限，定会存在疏漏与错误，敬请行业专家、教育同仁、广大学生及读者朋友不吝赐教、批评指正，共同为我国公共安全职业教育与培训事业贡献力量！

教材编审委员会

2016 年 4 月

前 言

在现代科技的不断推进下，安全已经成为生产和生活各个领域关注的问题。消防安全是国家公共安全的重要组成部分，消防行业的发展水平是国民经济和社会发达程度的重要标志。培养消防行业紧缺的专业技术人员是职业院校的办学功能之一。

本教材注重基础理论和实用性的有效结合，注重学生职业操作能力的培养，切实落实企业岗位需求和专业人才培养方案。本教材的特点是：

第一，结构模块化。本教材打破传统章节的结构限制，采用模块化的形式，体现了行动导向，以任务为驱动、以能力为本位，使每个模块下的每个任务形成了从简单到复杂、从单一到综合的能力训练体系。

第二，突出职业性。本教材严格按照《建筑电气工程施工质量验收规范》、《建筑设计防火规范》、《电气防火检测技术规范》、《民用建筑电气设计规范》等规范和行业标准进行编制，强调对接行业标准，便于学生尽快适应行业企业用人要求。

第三，内容涵盖广。本教材的内容不仅能满足消防专业学生知识水平和技能要求，同时也能满足电气质量员和电气施工员的岗位证书考试要求，更注重与各个相关学科的衔接、交叉等问题，以尽力消除重复现象。

本教材内容包括两大部分：第一部分，电气防火设计，侧重于电气设计及施工。包含了电路基础知识、电力供电、消防电源、导线电缆的防火设计、变压器、接地系统、防雷系统、照明工程、安全用电等九个模块。第二部分，电气防火检测及质量控制，该部分侧重于实际检测。主要包括电气工程质量管理、电气设备检测、电气线路检测、特殊场所的电气检测等四个模块。

本教材模块二至模块九由北京政法职业学院薛婷婷编写，模块一由北京电子科技职业学院张磊编写，模块十由北京政法职业学院闫宁编写，模块十一至模块十三由北京政法职业学院孔庆仪编写。

由于筹备时间仓促，内容上难免存在一些疏漏或不足，恳请专家、学者及广大读者多提宝贵意见或建议，以便今后修订和完善。

《消防电气施工质量管理实务》编写组

2018 年 3 月

目　　录

第一部分　电气防火设计

第二部分 电气防火检测及质量控制

第一部分　电气防火设计

模块一　电路基础知识

学习目标

1. 熟知直流电路和交流电路的基本概念。

2. 熟练运用直流电路的公式，掌握串联电路、并联电路，部分电路和全电路的基本规律。

3. 能够用三要素描述正弦交流电。

项目一　直流电路

一、直流电路的相关概念

（一）电流

电流是指单位时间内通过导体横截面的电荷量。电流的大小称为电流强度，是指单位时间内通过导线某一截面的电荷量。电流分直流和交流两种，电流的方向不随时间变化的叫作直流，电流的大小和方向随时间变化的叫作交流。

电流的单位是安培，简称安，符号 A。毫安用 mA 表示，微安用 uA 表示。

$$1\text{A}=10^3\text{mA}=10^6\text{uA}$$

电流是一个有方向的物理量，仅指出大小是不够的，规定以正电荷移动的方向为电流的真实方向。列写电路方程时，电压、电流的正、负是以电流图上预先假定的参考方向为依据的，若计算结果为正值，说明电压、电流的真实方向与参考方向相符，否则相反。

（二）直流电

电流的大小和方向都不随时间的变化而改变的，我们称之为直流电流，简称直流电。我们规定正电荷的运动方向为电流的正方向。

（三）电压

电压也称电势差或电位差，是衡量单位电荷在静电场中由于电势不同所产生的能量差的物理量。需要指出的是，“电压”一词一般只用于电路当中，“电势差”和“电位差”则普遍应用于一切电现象。

电压在国际单位制中的主单位是伏特，简称伏，用符号 V 表示。伏特等于对每 1 库仑的电荷做了 1 焦耳的功，即 1V = 1J/C。

（四）电阻

电阻英文名称为 Resistance，缩写为 R，它是导体的一种基本性质，与导体的尺寸、材料、温度有关。导体的横截面面积、材料、长度可改变导体电阻的大小，有时温度也同样可以影响其大小。电阻的主要物理特征是变电能为热能，也可说它是一个耗能元件，电流经过它就会产生内能。电阻在电路中通常起分压、分流的作用。对信号来说，交流与直流信号都可以通过电阻。

（五）电功率

负载在电路中要消耗电能，一个负载在单位时间内所消耗的电能，叫作电功率。电功率的单位是瓦特，简称瓦，符号 P。

进率：1 千瓦 = 1000 瓦

计算公式：$P = W/T$

$$P = UI = I^2R = U^2/R$$

（六）电路

电路是指由金属导线和电气以及电子部件组成的导电回路。直流电通过的电路称为直流电路；交流电通过的电路称为交流电路。电路是由各种元器件为实现某种应用目的按一定方式连接而成的整体，其特征是提供了电流流动的通道。复杂的电路亦可称为网络。

电路的组成——电路由电源、负载、连接导线和辅助设备四大部分组成。电源是提供电能的设备。电源的功能是把非电能转变成电能。负载在电路中使用电能的各种设备统称为负载。负载的功能是把电能转变为其他形式能。连接导线用来把电源、负载和其他辅助设备连接成一个闭合回路，起着传输电能的作用。辅助设备用来实现对电路的控制、分配、保护及测量等作用。

电路的作用——实现电能的传输、分配与转换；实现信号的传递与处理。

（七）电能

负载工作一段时间所消耗的电能量叫作电能。电能的单位为千瓦·小时(kW·h)，1 千瓦·小时电能就是我们平时说的 1 度电。要想知道一个负载在工作一段时间后所消耗的电能，可以用下面公式计算：

$$W = P \times t$$

二、直流电路的基本规律

（一）串联电路的基本规律

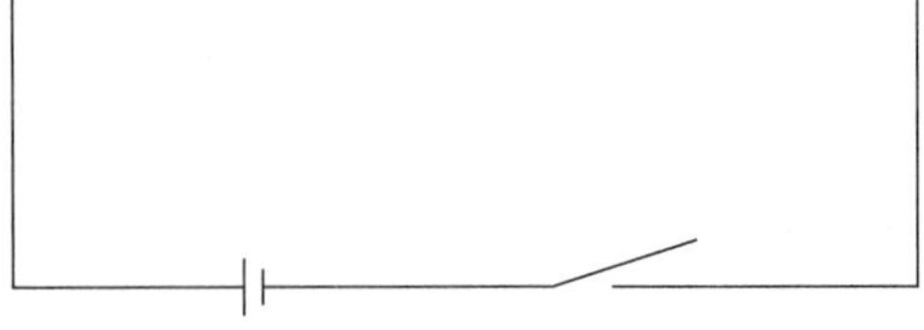

图 1－1

1. 电流

串联电路中各处电流相等。

$$I = I_1 = I_2 = \cdots = In$$

2. 电阻

串联电路的总电阻等于各串联电阻之和。

$$R = R_1 + R_2 + \cdots + Rn$$

3. 电压

串联电路两端的总电压等于各部分电路两端的电压之和。

$$U = U_1 + U_2 + \cdots + Un$$

4. 串联电压分配

根据串联电路的电流和电阻的特点和欧姆定律，可以推导出串联电路电压分配特点。R_1 两端的电压 $U_1 = IR_1$，R_2 两端的电压 $U_2 = IR_2$，在串联电路中，电压的分配与电阻成正比，如图 1－1 所示。

注意：（在材料、横截面积、温度等一定的情况下）长度越长，电阻越大，导体串联相当于增加了导体的长度，串联电路的总电阻大于串联电路中的任何一个电阻。

5. 串联电路的用途

（1）希望增大电路的总电阻时，可以串联电阻。串联电阻越多，电路的电阻越大。

（2）要从高电压中分出所需要的低电压，可以串联大小比例适当的电阻，从小电阻的两端获得低电压。

（二）并联电路的基本规律

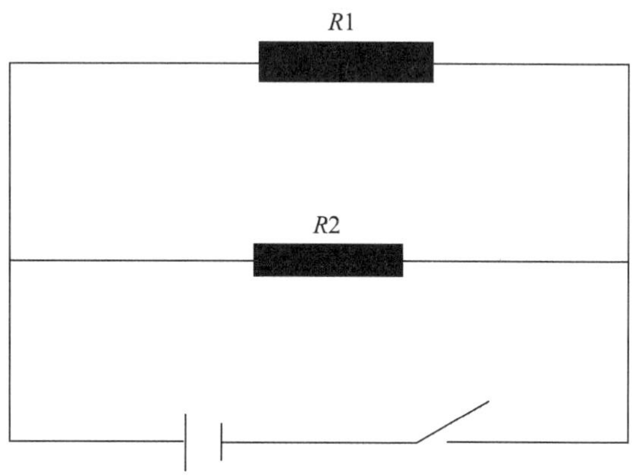

图 1－2

1. 电流

并联电路中，干路电流等于各支路电流之和。

$$I = I_1 + I_2 + \cdots + In$$

2. 电压

并联电路中，各并联支路两端的电压相等且等于并联电路两端的总电压。

$$U = U_1 = U_2 = \cdots Un$$

3. 电阻

并联电路的总电阻的倒数等于各并联电阻的倒数之和。

$$1/R = 1/R_1 + 1/R_2 + \cdots 1/Rn$$

4. 相互关系

各个并联电阻上的电流的大小，与各个电阻的阻值的大小成反比。大电阻的电流小，小电阻的电流大。

5. 并联电路的用途（如图 1－2 所示）

（1）希望减小电路的总电阻，可以在电路上并联电阻。并联的电阻越多，总电阻的阻值越小。

（2）各用电器（电阻）在同一电压下，采用并联方式连接可互不影响，如家用电器就是并联连接。

（3）要从大电流中分出所需要的小电流，可以并联大小比例适当的电阻，从大电阻的电路中获得小电流。

（三）部分电路欧姆定律

1. 部分电路欧姆定律

通过一段导体中的电流，与加在这段导体两端的电压成正比，与这段导体的电阻成反比。这就是部分电路欧姆定律（部分电路就是不含电源的一段电路）。

2. 适用范围

适用于金属、电解液等纯电阻导电，对于气体导电及含有电动机、电风扇等的非纯电阻导电则不适用。在应用欧姆定律之前，首先要判断电路中的元件是否为纯电阻，如整个电路中既有纯电阻又有非纯电阻，则只有纯电阻才适用欧姆定律。

3. 欧姆定律不同表达式的物理意义

（1）$I = U/R$ 是欧姆定律的数学表达式，表示通过导体的电流 I 与电压 U 成正比，与电阻 R 成反比，常用于计算一部分电路加上一定电压时产生的电流。此公式是电流的决定式，反映了电流 I 与电压 U 和电阻 R 的因果关系。

（2）公式 $R = U/I$ 是电阻的定义式，它是一种量度电阻的方法，不能错误地认为“电阻跟电压成正比，跟电流成反比”，对于给定的导体，其电阻是一定的，和导体两端是否有电压、导体中是否有电流无关。也就是说，$R = U/I$ 仅是电阻的测量式。

（四）全电路欧姆定律

与部分电路欧姆定律相比较，全电路包括电源部分和电源外部线路，如图 1－3 所示。

1. 内电路、内电压、内电阻

（1）内电路：电源内部的电路叫作闭合电路的内电路。

（2）内电阻：内电路的电阻叫作电源的内电阻。

（3）内电压：当电路中有电流通过时，内电路两端的电压叫作内电压，用 $U_{内}$ 表示。

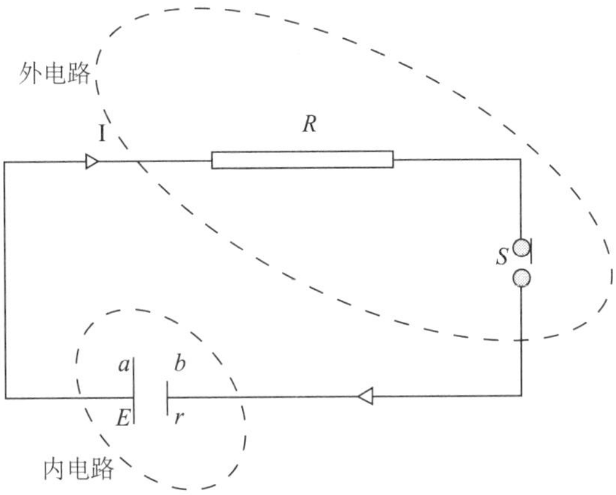

图1－3

2. 外电路、外电压（路端电压）

（1）外电路：电源外部的电路叫作闭合电路的外电路。

（2）外电压：外电路两端的电压叫作外电压，也叫作路端电压，用 $U_{外}$ 表示。

3. 闭合回路的电流方向

在外电路中，电流方向由正极流向负极，沿电流方向电势降低。

在内电路中，即在电源内部，通过非静电力做功使正电荷由负极移到正极，所以电流方向为由负极流向正极。

内电路与外电路中的总电流是相同的。E 表示电动势。R 表示外部线路电阻。R_0 表示电源的内电阻。

表达式：
$$I = E/(R + R_0) \qquad E = I(R + R_0)$$
$$E = U_{外} + U_{内} \qquad U_{外} = E - IR_0$$

三、直流电路的工作状态

（一）正常状态

1. 额定工作状态

任何电气设备在设计时，为了保证电气设备能正常运行，都规定了一些额定值，最主要的有额定电压、额定电流和额定功率。电气设备按照设计的额定值条件运行是最经济合理、最安全可靠的，这时的工作状态就称作电气设备的额定状态。

三个额定值中起决定作用的是额定电压，电气设备一经制造完成后，它的电阻值是不会改变的，电气在额定电压下工作，它的电流就是额定电流，这时的功率就是额定功率，这时的工作状态就是额定工作状态。

2. 正常工作状态

在实际使用中，电气设备所承受的实际电压允许在一定范围内波动，这时的电流将是实际电流，而功率也将是实际功率，它们与额定值会有一定的偏差。

可以通过额定电压和额定电流，计算得出电气设备的电阻值，然后根据实际电压计算实际电流和实际功率。

（二）故障状态

1. 过载

如果电路中的电流超过额定工作电流允许的波动范围，这种状态称作电路过载。电路过载时电路中的电流增大，导线和电器的发热量增大，短时间过载导线和电气可以承受，长时间过载或过载较严重会烧毁导线和电气。

2. 短路

这是一种严重的、应该尽可能避免的电路故障，会导致电路因电流过大而烧毁并发生火灾。事实上，往往由于某种原因电路中不该连接的地方被用电阻很小的导体连接起来导致短路。短路时电路的电阻极小，会出现极大的短路电流烧毁导线和电气设备现象。

电力系统在运行中，相与相之间或相与地（或中性线）之间发生非正常连接（短路）时流过非常大的电流，其电流值远大于额定电流，并取决于短路点与电源的电气距离。短路就是不同电位的导电部分之间的低阻性短接，相当于电源未经过负载而直接由导线接通成闭合回路。

3. 断路

由于某种原因，电路在不该断的地方断开称作断路。出现断路后电路中没有电流，电气设备不能工作，但一般来讲不会有直接的危害。

项目二　交流电路

电流的大小和方向都随时间有周期性变化，这种电流称为交变电流，简称交流电。交流电路与直流电路相同，连接电源和负载的也是两条导线，与直流电不同的是电源与负载都不分正负极。

基本交流电路有三种形式，分别为纯电阻电路、纯电感电路和纯电容电路。

一、基本交流电路的形式

（一）纯电阻电路

交流电流流过电阻与直流电流流过电阻一样，电压与电流频率相同，相位也相同，电压电流间的大小关系符合欧姆定律。

$$I_R = \frac{U_R}{R}$$

电流流过电阻时所消耗的功率称为有功功率，计算方式与直流电路相同。

$$P = U_R I_R = I_R^2 R = \frac{U_R^2}{R}$$

（二）纯电感电路

大多数电气设备都有线圈。线圈在交流电路中会产生感应电动势来阻碍电流变化，因此，纯电感电路中，电流的相位要比电压的相位落后 90 度。线圈对电流的阻碍作用称为感抗，用 X_L 表示，单位是 Ω，感抗的大小：

$$X_L = 2\pi fL$$

电路中电压、电流与感抗的数量关系也满足欧姆定律。

$$I_L = \frac{U_L}{X_L}$$

线圈产生感应电动势的过程实际是一个电源的能量转换成磁能，磁能又转换成电能返还给电源的过程，在这个过程中线圈只与电源交换能量而不消耗能量。此时电压与电流的乘积称作无功功率，用 Q_L 表示，单位是 Var。

$$Q_L = U_L I_L = I_L^2 X_L = \frac{U_L^2}{X_L}$$

无功功率表示一个线圈转换电能的能力大小。

（三）纯电容电路

电容器是储存电荷的一种容器。用绝缘物隔开两个导体就构成一个最简单的电容器，两个导体间的相对面积越大，储存电荷的能力就越大，衡量储存电荷能力大小的物理量也叫作电容量，符号 C，单位是法拉，简称法。法拉单位太大，常用的单位还有微法（μF）和皮法（PF）。

1 法拉（F）＝1000000 微法（μF）

1 微法（μF）＝1000000 皮法（PF）

电容器接在直流电路中，电荷会跑到电容器上储存起来，这个过程需要一定的时间，称为充电过程。把存有电荷的电容器两端接在电路上，电荷会被释放掉，这个过程也需要时间，称为放电过程。充放电过程完成后，连接电容器的电路中就不再有电流流过，这称为电容器的隔直流作用（电容器是绝缘物隔离的两个导体，电荷不会从一个导体跑到另一个导体上）。

当电容器接在交流电路中，电容器将随交流电流的改变而不断地进行充电、放电，电路中就会有不断的交流电流，这称为电容器的通交流作用（实际电流并没有通过电容器，而是到一端极板后就从电路返回到另一端极板，如此往返，电路中就有了电流）。

电容的不断充电放电也会阻碍电路中交流电流的流动，称为容抗，用 Xc 表示，单位也是 Ω。

$$X_C = \frac{1}{2\pi fC}$$

电容两级间的电压、电流与容抗之间的关系也符合欧姆定律。

$$I_C = \frac{U_C}{X_C}$$

由于电容器的充放电作用，使电路中的电压的相位落后于电流 90 度。

电容的充放电过程实际是从一个电源获得电能储存起来，在释放返还给电源的过程，同样这个过程不消耗能量。此时电压与电流的乘积，也是无功功率，为了与电感上的无功功率区别，用 Qc 表示。

$$Q_C = U_C I_C = I_C^2 X = \frac{U_C^2}{X_C}$$

无功功率表示电容器与电源交换能量的能力。

二、正弦交流电

（一）正弦交流电的定义

我们平常所用的是一种大小和方向按正弦规律变化的交流电，称为正弦交流电。

如图 1-4 所示，I 轴表示电流，t 轴表示时间。沿横轴的曲线表示交流电电流，其大小随时间的变化按照正弦规律变化。从 0 到 π 为半个变化周期，电流从小变到大再从大变到小，电流最大值为 *Im*，方向始终为正向，从 π 到 2π 为后半个变化周期，电流也是从小变到大再从大变到小，最大电流 *Im* 为负值。

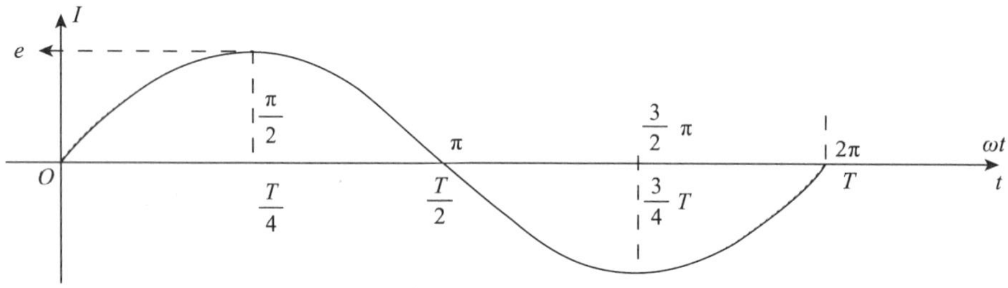

图 1-4

（二）正弦交流电三要素

正弦交流电的大小、方向是随时间变化做周期性变化的，要确定某一时刻的瞬时值，必须通过交流电的最大值、频率及初相位三个量才能确定。因此，称这三个量为正弦交流电的三要素。

1. 最大值

正弦交流电在不同时刻大小是不同的，其中最大瞬时值叫作正弦交流电的最大值。分别用字母 *Im* 和 *Um* 来表示正弦交流电电流、电压的最大值。

2. 频率

交流电在 1s 内完成的周期循环变化的次数称为交流电的频率，频率符号为 f，单位是赫兹（Hz）。

3. 初相位

要确定一个正弦交流电，除了最大值和频率，还需要考虑正弦交流电的计时起点。因为正弦交流电是时间的正弦函数，所以取不同的计时起点，正弦量的初始值，即 t=0 时的值也就不同。与初始值相对应的正弦函数的电角度叫作初相（或初相位），用 φ 表示。

只有在比较两个同频率交流电的情况时才需要考虑初相位。如果两个交流电的起始位置不同，它们的差值称为相位差。

（三）正弦交流电有效值

如果在同一个电阻中，分别通过直流电和交流电，经过相同的时间，它们发出的热量相等，这两个电流的发热效果是等效的，那么就把此直流电的大小作为此交流电的有效值。

它们的关系：

$$I（有效值）=0.707Im（最大值）$$

$$U（有效值）=0.707Um（最大值）$$

三、三相交流电

（一）三相交流电的定义

把三个大小相等、频率相同、初相位差互差120°的交流电合在一起，就组成一个三相交流电。

实际的三相交流电是由三相发电机产生的，在发电机中有三个相同的绕组按空间相差120°均匀分布。这样，发电机旋转时就可以产生满足上述条件的三个单相交流电，由于初相位相差120°，从各条导线中流过的电流存在一个时间差，这样就不需要六条导线供电，而只需要在发电机内部把三个绕组按一定方式连接起来，用三条或四条导线供电。发电机每绕组发出的一个交流电叫做三相交流电中的一组，就是我们所使用的单相交流电。

（二）三相交流电的接法

1. 负载的三角形连接

如图1-5所示，把三个负载依次首尾相连，接成一圈，从三个接点引出接电源的三条线，这种接法称为负载的三角形接法。三角形接法没有中性点，也不可能引出中性线，因此只有三相三线制。

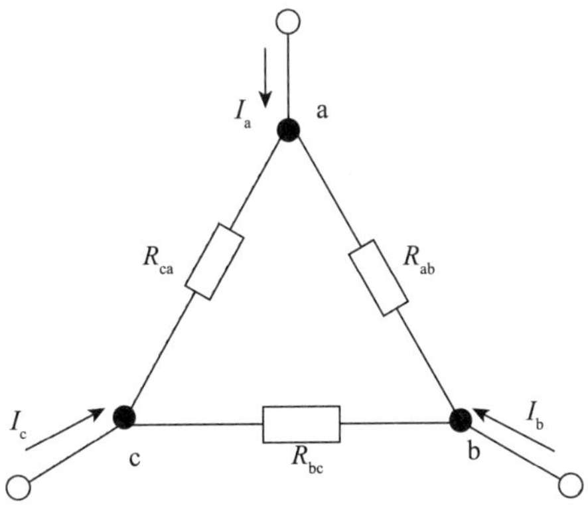

图1-5　三角形连接

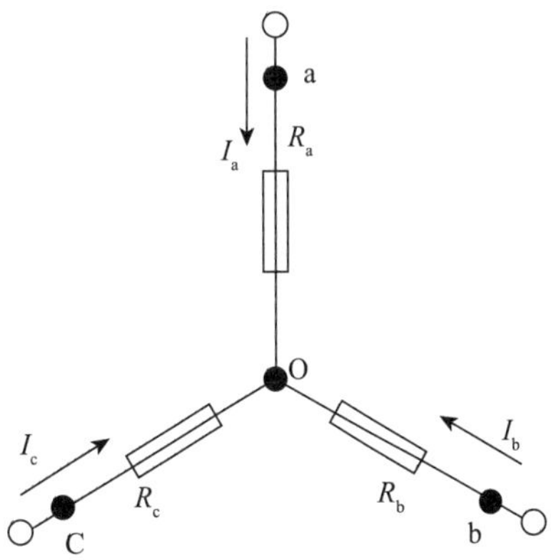

图1-6　星形连接

2. 负载的星形连接

如图1-6所示，把三个负载的尾端接在一起接电源中线，三个首端接电源的三条相线，这样的接法叫做星形连接。

对于星形连接，可以将中点（中性点）引出作为中性线，形成三相四线制，也可以不引出，形成三相三线制。

（三）三相电功率

在三相交流电路中，总负载消耗的功率等于各相负载消耗的有功功率之和，即$P=P_u+P_v+P_w$。

当三相负载对称时，不论是星形连接（Y）还是三角形连接（△），三相中 U_{φ} 、I_{φ} 和 $cos\varphi$（功率因素）都是一样的，所以每一相的功率大小相等，因此，三相功率为单相功率的三倍，即三相功率 $P = 3P_{\varphi}$ 。因为在线路中测量线电压和线电流较为方便，因而常用线电压、线电流值来计算三相功率。

当负载为星形连接且各相负载平衡时，$I_L = I_{\varphi}$ 。

$$线电压\ U_L = \sqrt{3}U_{\varphi}$$

当负载为三角形连接且各相负载平衡时，$U_L = U_{\varphi}$ 。

$$线电流\ I_L = \sqrt{3}I_{\varphi}$$

因此，不论负载是星形还是三角形，将以上关系式代入 $P = 3U_{\varphi}I_{\varphi}cos\varphi$ 中得：

$$有功功率\ P = \sqrt{3}U_L I_L cos4$$

同理，三相对称负载的无功功率为：

$$无功功率\ Q = \sqrt{3}U_L I_L \cdot sin4$$

三相交流电路的视在功率 $S = \sqrt{3}U_L I_L$。

注意：上述公式中 U_L 、I_L 是线电压和线电流。

四、三相三线制与三相四线制供电

（一）三相三线制

电源三角相连接，每个接点上各引出一条线，共三条线；电源星形连接，如果不接中线，也是三条线；这样的供电方式叫作三相三线制。

三相三线制供电只有三条相线，只有一种线电压，U_{L12} 、U_{L23} 、U_{L31} 都是380V。使用时不能混淆。

（二）三相四线制

电源按星形接法连接，从三个首端引出的三条线称为相线（俗称火线），分别用 L_1、L_2、L_3 表示第一相、第二相和第三相，从公共点引出的线称为中性线，用N表示。这样的供电方式叫做三相四线制。

在三相四线制供电方式中，每两条线之间都存在一个电压，相线与相线间的电压称为线电压，为380V，用 U_L 表示。线电压共有三个，分别是 U_{L12} 、U_{L23} 、U_{L31} ；相线与中性线间的电压称为相电压，为220V，用 U_{φ} 表示，相电压也有三个，分别是 $U_{\varphi1}$ 、$U_{\varphi2}$ 、$U_{\varphi3}$ 。

也就是说，三相四线制供电，可以同时提供两种电压，其中有三个线电压和三个相电压，但六个电压不能混淆，否则会造成短路。线电压与相电压的数量关系为：

$$U_L = \sqrt{3}U_{\varphi}$$

章节小结

本模块主要介绍了直流电路与交流电路的基本知识。

直流电路包括：直流电路的基本概念；串、并联电路的基本规律及它们的应用范围；部分电路欧姆定律和全电路欧姆定律的表达式；直流电路的五种工作状态：正常、额定、短路、断路和过载。

交流电路内容包括：基本交流电路的形式；正弦交流电的三要素及表达式；三相交流电的连接方法有星形接法和三角形接法；星形接法有中性线的情况下称为三相四线制，三角形接法为三相三线制；三相电功率。

章节练习

1. 串联电路和并联电路分别有什么规律？
2. 全电路欧姆定律的表达式有哪些？
3. 三相交流电路有几种连接方法？它们的特点分别是什么？

模块二　电力供电

学习目标

1. 能够简单描述电力系统的基本组成及工作原理。
2. 能够根据建筑物的使用功能和规模确定其负荷分级。
3. 能够根据实际用电的情况进行负荷计算。

项目一　电力供电系统

一、电力系统的基本概念及组成

电能是厂矿企业最主要的动力和社会生活不可缺少的能源。电能从生产到供给用户使用，一般要经过发电、变电、输电、配电和用电几个环节。

（一）发电厂

发电厂是生产电能的工厂，又称为发电站。它把其他形式的一次能源，如煤炭、石油、天然气、水能、原子核能、风能、太阳能、地热、潮汐能等，通过发电设备转换为电能。由于所利用的一次能源形式不同，发电厂可分为火力发电厂、水力发电厂、原子能发电厂、潮汐发电厂、地热发电厂、风力发电厂和太阳能发电厂等。我国电能的获得当前主要是火电，其次是水电和原子能发电，至于其他形式的发电，所占比例较小。

（二）变电所

变电所又称变电站，是变换电能电压和接受电能与分配电能的场所，是联系发电厂和用户的中间枢纽。它的组成有电力变压器、母线和开关控制设备等。变电站如果只有配电设备而没有电力变压器，仅用来接受和分配电能，则称之为变电站。凡是负责把交流电变成直流电的变电站统称为变流站。

变电站有升压和降压之分。升压变电站多建在发电厂内，把电压升高后再进行远距离输送。降压变电站多设在用电区域，将高压电能适当降低后，对某地区或者用户供电。

降压变电站就其所处的地位和作用分为三类：

1. 地区降压变电站

地区降压变电站又称为一次变电站，从220～500kV的超高压输电网或发电厂直接受电，通过变压器把电压降为35～110kV，对该区域用户或大型工业企业供电。

2. 终端变电站

终端变电站又称为二次变电站，多位于用电的负荷中心，高压侧从地区降压变电站受电，经变压器电压降到 6～10kV，对某个市区或农村城镇用户供电。其供电范围较小，若全终端变电站停电，只是该部分用户中断供电。

3. 企业降压变电站及车间变电站

企业降压变电站又称企业总降压变电站，与终端变电站相似，它是对企业内部输送电能的中心枢纽。车间变电站是接受企业降压变电站所提供的电能，电压降为 220/380V，对车间各用电设备直接进行供电。

（三）电力网

电力网是输电线路和配电线路的统称，是输送电能和分配电能的通道。电力网是把发电厂、变电站和电能用户联系起来的纽带。它由不同电压等级和不同结构的线路组成，按电压的高低可将电力网分为低压网、中压网、高压网和超高压网。电压在 1kV 以下的称为低压网，1～10kV 的称为中压网，高于 10kV 低于 330kV 的称为高压网，330kV 以上的称为超高压网。

（四）电能用户

所有的用电单位均称为电能用户，我国工业企业用电占全年总发电量的 63.9%，是最大的电能用户。研究和掌握工业企业供电方面的知识和理论，对提高工业企业供电的可靠性，改善电能品质，做好企业的计划用电、节约用电和安全用电是极其重要的。

（五）电力系统

所谓电力系统，就是由发电机、输配电线路、变配电所以及各种用户用电设备连接起来所构成的总体，如图 2－1 所示。

二、电力系统的优势及意义

（一）提高供电可靠性和电能质量

电力系统中备用发电机组较多，容量也比较大。个别机组发生故障对系统影响较小，从而提高了供电可靠性。

（二）减少装机容量，提高设备利用率

电力系统往往占用很大的地域，因为存在时差和季差，各系统中最大负荷出现的时间不同，综合起来的最大负荷也将小于各系统最大负荷相加的总和，因此系统中总的装机容量可以减少些。同时，备用容量也可减少些。如果装机容量一定，则可提高设备的利用率，增加供电量。

（三）便于安装大机组，降低造价

由于电力系统容量大，按照比例可装容量较大的机组，而大机组每千瓦设备的投资和生产每千瓦·时电能的燃料消耗以及维修费用都比装小机组便宜，从而可节约投资，降低煤耗，降低成本，提高劳动生产率，加快电力建设速度。

（四）充分利用各种资源，提高运行的经济性

现有的水电站有多水与枯水之别，水电厂容量占的比例较大的系统将造成枯水期缺电、丰水期弃水的后果。组成电力系统后，水、火电联合运行，丰水期水电厂多发电，火电厂少发电并适当安排检修；枯水期火电厂多发电，水电厂少发电并安排检修，这样可以充分利用水动力资源，减少燃料消耗，从而降低电能成本，提高运行的经济性。

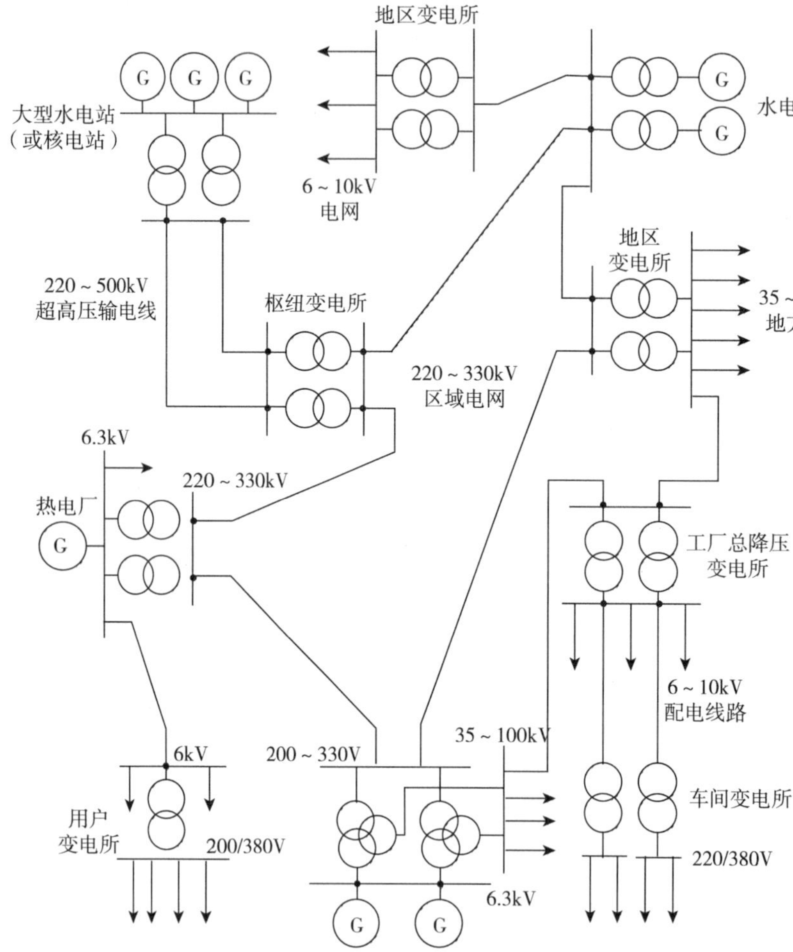

图 2－1　电力系统示意图

三、变电所的分级

工厂（或企业）内部接受、变换、分配和消费电能的总电路称为工厂（或企业）供配电系统，是公共电力系统的一个重要组成部分。工业企业或建筑物为了从电力系统获得电能，首先通过降压，然后把电能分配到各个车间和用电设备上去，其供电系统由高、低压配电系统，变配电所和用电设备组成。

大、中型工业企业一般都设有总降压变电所，由于这里负荷密度较大，先把 35～110kV 电压降为 6～10kV 电压，再向车间变电所或高压电动机和其他高压用电设备供电。向高压电动机和其他高压用电设备供电，总降压变电所通常设有 1～2 台降压变压器，而小型工业企业一般设有一个简易变电所，直接由电力网以 6～10kV 电压供电。

一般当工业企业要求供电可靠性较高时，可从电力系统引两个独立电源对其供电。

在一个生产车间内，根据生产规模、用电设备的布局和用电量的大小等情况，可设立一个或几个车间变电所（包括配电所），也可以几个相邻且用电量小的车间共用一个车间变电所。车间变电所一般设置 1～2 台变压器（最多不超过 3 台），其单台容量一般为 1000kVA 及以下（最大不超过 1800kVA），将 6 ~ 10kV 电压降为 380/220V 电压，对低压用电设备供电。

变电所中的主要电气设备是降压变压器和受、配电设备及装置。用来接受和分配电能的电气装置称为配电装置，其中包括开关设备、母线、保护电阻、测量仪表及其他电气设备等。对于 10kV 及以下系统，为了安装和维护方便，现在均将受、配电设备及装置由制造厂组装成成套开关柜。

厂区内的高压线路敷设方式：优先选用架空敷设，其次可以采用地下电缆敷设。

在车间内部则应根据具体情况决定采用明敷配电线路或采用暗敷配电线路。在车间厂房内，动力配电箱到电动机的配电线路一般采用绝缘导线穿管敷设。在工厂内，照明线路与电力线路一般是分开的，可采用 380/220V 三相四线制。

民用建筑内的低压配电线路，由于受空间限制和安全美观的要求，竖向和纵向均可采用电缆竖井、母线槽、穿管等方法进行敷设。在这里，消防用电设备的配线必须与一般动力、照明线路分开敷设，并按规定做耐火处理。

四、电网的额定电压

电网额定电压的等级是根据国民经济发展的需要、技术经济上的合理性、电机电器制造工业的水平等因素，经全面研究分析由国家制定颁布的。

我国国家标准把各种电气设备的额定电压规定为三类：

（一）第一类额定电压

把 100V 以下的额定电压称为第一类额定电压。主要用于安全照明、蓄电池及开关设备直流操作电压。

（二）第二类额定电压

大于 100V 小于 1000V 的额定电压，称为第二类额定电压。主要用于动力和照明。

（三）第三类额定电压

1000V 以上的额定电压称为第三类额定电压。主要用于发电机、变压器、送电线路及高压用电设备。

上述三类额定电压中，不满 1kV 的称为低压，36V（直流 48V）及以下的称为安全电压，1kV 以上的统称为高压。习惯上又把 3kV、6kV、10kV 电压等级称为配电电压，该等级的变压器叫做配电变压器，简称配变。

220kV 及以上的电压称为超高压。用于发电机升压和用于 35kV 及以上电压等级变电站中升、降压输送电能的变压器称为主变压器，简称为主变。

变压器的额定电压有两个：额定一次电压和额定二次电压。额定一次电压指接到一次绕组电压的规定值；额定二次电压指变压器空载时，一次侧加上额定电压后二次侧两端的电压。

电力网电压等级是比较多的，不同电压等级有不同的作用。在线路运行时（有电流通过时）电压会下降，所以线路上各点的电压都有所不同，即额定电压的线路始端电压为额定电压的 1.15，末端电压为额定电压的 0.95，供电线路的额定电压通常采用始端电压和末端电压的算术平均值，即 1.05V，这个电压也是电力网的额定电压。它是确定各类电力设备额定电压的基本依据。从输电方面看，电压越高，输送距离就越远，输送的功率就越大。

我国电力系统的额定频率为50Hz，一般情况允许的偏差不超过正、负0.5Hz，即频率的波动范围在49.5～50.5Hz内视为符合要求。

在电力系统内，为减少电能浪费和降低沿途损耗，应尽可能地简化电压等级，减少变电层次。各级额定电压间的级差不宜太小。根据国内外经验，额定电压在110kV以下的配电网，电压间级差一般应在三倍以上；额定电压在110kV以上的输电网，电压间级差一般应在两倍以上。级差过大，传输能力得不到充分利用，造成浪费；级差过小，传输能力也相应减小，其效益甚至不能补偿增设设备的费用。

五、负荷分级

不同建筑或不同用户的各种用电设备因为事故而停电所产生的损失和影响是不同的，根据供电的可靠性及一旦终止供电可能在政治、经济方面造成的影响以及损失的程度分为三个级别负荷。应根据单位重要性选择相应的供电等级，已达到提高经济效益和社会效益及环境效益的目的。这也是在建筑的消防设计环节就应该思考和注意的问题。

（一）一级负荷

一级负荷包括：

·中断供电将造成人身伤亡者。

·中断供电将造成重大的政治影响者。

·中断供电将造成重大的经济损失者。

·中断供电将造成公共场所秩序严重混乱者。

某些重要的交通枢纽、通信枢纽、国宾馆、国家级大会堂、大型体育中心或者经常聚集大量人员的公共场所，属于一级负荷。一级负荷有特别重要的供电要求，一旦中断供电将导致重大事故，甚至引发火灾或者爆炸。

一级负荷的供电要求：应由两个或两个以上独立电源供电，当其中一个电源发生故障时，另一个电源应能自动投入运行，不至同时受到损坏。同时还必须增设应急电源。应急电源有独立于正常电源的发电机组及在供电网络中有效地独立于正常电源的专门馈电线路或蓄电池。

所谓独立电源有以下几种：

·蓄电池静止型不间断供电装置、柴油机不间断供电装置系统，适用于允许中断供电时间为毫秒级的供电。

·带有自动投入装置的、独立于正常电源的专门馈电线路，用于允许中断时间为1.5s以上的供电。

·快速自启动柴油发电机组，适用于允许中断供电时间为15s以上的供电。

（二）二级负荷

二级负荷包括：

·中断供电将造成较大的政治影响者。

·中断供电将造成较大的经济损失者。

·中断供电将造成公共场所秩序混乱者。

二级负荷的供电要求：要求供电系统应做到当发生电力变压器故障或线路常见故障时不至中断供电（或中断后能迅速恢复）。宜有两个电源供电，在负荷比较小或地区供电的条件困难时，二级负荷可以由一路6kV以上专用架空线供电。

（三）三级负荷

不属于一、二级电力负荷者是三级负荷。

三级负荷的供电要求：对供电没有特别要求。

项目二　用电负荷计算

案例1：2008年12月12日，运城市区中银大道发生火灾事故，造成7人死亡。

事故原因：电线短路引起可燃物着火。

案例2：2011年8月23日早上，广东佛山陶瓷厂发生火灾，消防人员立即赶到现场灭火，截至当日16时，火灾已造成15人死亡、1人重伤。

事故原因：电线短路产生高温熔珠引燃可燃物。

上面列举的两个案例都是电气线路引发的火灾。可见，电线和电缆的选择对有效防止电气火灾至关重要。

一、计算负荷与负荷计算

通常建筑物在建成之后，在建筑物内部会设计安装各种各样的电气设备和装置，这些电气设备和装置统称为用电负载。用电负载工作时，其电流流过供电线路，在负荷计算中，负载消耗的功率或者流过的电流称为负荷。为了保证用电负载的正常工作及供电系统的安全运行，供电线路需要有足够的载流能力。实际上，所有用电负荷并非都同时运行，而且运行着的用电负载的实际电流也不都时刻等于额定电流。因此，供电线路的实际电流是时刻变化的。

电气设计时，如直接按照所有用电负载的额定电流或额定容量选择电气设备或供电线路，这个计算值肯定过高，这样增加了工程上不必要的浪费；如果计算不准确，估算值过低，又会使供电线路承担不了实际负荷电流而过热，加速其老化，缩短使用寿命，影响供电系统的安全运行。由此可见，对供电系统进行合理负荷计算是很重要的。

所谓的负荷计算，是指对某一线路中的实际用电负荷的运行规律进行分析，从而求出该线路的计算负荷的过程。负荷计算与计算负荷，是两个不同的概念，不可混淆。

负荷计算的目的，是为了合理地确定建筑物的平均最大用电负荷，即求出计算负荷，以此作为按发热条件选择配电变压器、供电线路及控制、保护装置的依据，同时可作为计算电压损失和功率损耗的依据，亦作为计算电能消耗量及无功补偿容量的依据。所以，合理进行负荷计算是设计建筑供电系统的一个很重要的环节。

所谓的计算负荷，是指一组用电负载实际运行时，在线路中形成的或负载自身消耗的最大平均功率。如果某一不变的假想负荷在线路中产生的热效应（使导线产生的恒定温升）与该组用电负载实际运行时在同一线路中产生的最大热效应（使导线产生的平均最高温升）相等，则把这一不变的假想负荷叫作该组实际负载的计算负荷。

这两个重要概念不可混淆，简而言之，计算负荷是一个结果而负荷计算是求得结果的过程。计算负荷包括有功计算负荷、无功计算负荷、视在计算负荷和计算电流。

二、设备的暂载率及换算

（一）用电设备工作制的分类

工业企业的用电设备按其工作制可分为连续工作制、短时工作制和断续周期工作制三类。

1. 连续工作制

这类设备是指使用时间较长、连续工作的用电设备，如各种泵类、通风机、压缩机、输送带、机床、电弧炉、电阻炉、电解设备、照明装置等，用电设备的负荷稳定，即 30min 出现的最大平均负荷与最大负荷的平均负荷相差不大；平均负荷与总装容量的比称为利用系数，其值为 0.5 ~ 0.6；功率因数约为 0.85，容量大时（250kW 以上的）为提高功率因数一般常选用同步电动机。机床用电动机，容量小至一千瓦以下，大至数百千瓦，供电电压为交流 50Hz、380/220V，机床用电设备大多属三级负荷，负荷不平稳，且变化与生产批量、流水程度、零件加工工艺、工作制等都有关系，所以半小时出现的最大平均负荷比最大负荷的平均负荷差别较大。对于大批生产、流水作业的金属冷加工机床来说，负荷的利用系数要比小批生产的高，重工作制要比轻工作制的高，热加工机床（锻压设备）要比冷加工机床的高。

2. 短时工作制

这是指用电设备在恒定负荷下工作的时间甚短，短于达到热平衡所需要的时间，停歇时间相当长，长到足以使设备温度冷却到周围介质的温度，如金属切削机床用的辅助机械（横梁升降、刀架快速移动装置等）、水闸用电机，它们的利用系数低，耗电量少，占整个用电设备的数量也少。

3. 断续周期工作制

这是指用电设备周期性地时而工作、时而停歇，如此反复运行，无论工作还是运行都不足以使设备达到热平衡，如吊车用电动机及电焊用变压器等。

（二）暂载率

暂载率也叫负载持续率，是指设备能够满载工作时间的比率。为表征其断续周期工作制的特点，可用负荷持续率来表示。

$$JC = \frac{t}{T} \times 100\% = \frac{t}{t + t_0} \times 100\%$$

该式中，T——工作周期；

t——工作周期内的工作时间；

t_0——工作周期内的停歇时间。

根据我国国家技术标准规定，工作周期是以 10min 为计算依据的。吊车暂载率有 15%、25%、40%、60% 四种；电焊设备的标准暂载率有 50%、65%、75% 及 100% 四种，其中100%为自动电焊机的暂载率。

继续周期工作制设备的额定容量（铭牌功率）P_n，是对应某一标准暂载率 JC 的。在实际运行的暂载率 JC 往往和设备铭牌标注的暂载率 JC 不同，则实际容量应按同一周期内的等效发热条件进行换算。如果设备在 JC_n 下的容量为 P_n，则换算到 JC 下的设备容量 P_e 为：

$$P_e = P_n \sqrt{JC/JC_{25}}$$

三、设备容量

（一）连续工作制

连续工作制也叫长期工作制，连续工作制下的用电设备的容量就是所有设备的铭牌额定功率，即 $P_e = P_n$。

（二）断续工作制

断续工作制也叫反复短时工作制，除了电焊机以外的其他设备统一换算到暂载率 $JC_{25} = 25\%$ 时的额定功率，而电焊机则换算到暂载率 $JC_{100} = 100\%$ 时的额定功率。

1. 电焊机及电焊设备容量

统一换算到暂载率 $JC_{100} = 100\%$ 时的额定功率

$$P_e = \sqrt{JC/JC_{100}}\, P_n = \sqrt{JC} S_n \cos\varphi$$

2. 其他断续工作制下的设备

反复短时工作制（断续工作制）的用电设备容量统一换算到暂载率 $JC_{25} = 25\%$ 时的额定功率

$$P_e = \sqrt{JC/JC_{25}} P_n = 2P_n \sqrt{JC}$$

（三）照明设备的容量

1. 白炽灯、卤钨灯设备容量就是灯泡上标出的额定功率。

2. 荧光灯考虑镇流器的功耗，其设备容量应为灯泡额定功率的1.2～1.3倍。

3. 高压水银灯、金属卤化物灯，其设备容量为其1.1倍额定功率；镇流器的功率损耗是灯管功率的10%。

（四）短时工作制

短时工作制也叫短时运行工作制，它的设备容量为零。

短时工作制的设备所占比重极小，在弹性范围内可以忽略不计，因此，可以按照容量为零考虑。

例题1：

1. 某一处施工现场，施工机械数量及设备功率如下表，试计算该工地的用电设备总容量 P_e。

序号	设备名称	台数	额定功率（kW）	暂载率（%）	备注
1	塔吊	2	60	60%	
2	卷扬机	4	10	连续	

续表

序号	设备名称	台数	额定功率（kW）	暂载率（%）	备注
3	砼搅拌机	6	7.5	连续	
4	电焊机	10	22	80%	$\cos\varphi=0.8$
5	水泵	4	7.5	连续	

解析：

长期工作制的设备（卷扬机、砼搅拌机、水泵）：

（1）卷扬机的设备容量：

$$Pe_1=Pn\times4=4\times10=40\ (\text{kW})$$

（2）砼搅拌机的设备容量：

$$Pe_2=Pn\times6=6\times7.5=45\ (\text{kW})$$

（3）水泵的设备容量：

$$Pe_3=Pn\times4=4\times7.5=30\ (\text{kW})$$

断续工作制的设备（塔吊、电焊机）：

（1）塔吊的设备容量：

$$P_{e4}=2P_n\sqrt{JC}=2\times2\times60\times\sqrt{0.6}=186\ (\text{kW})$$

（2）电焊机的设备容量：

$$P_e=\sqrt{JC/JC_{100}}\,P_n=\sqrt{JC}S_n\cos\varphi$$

$$P_{e5}=3\times4\times22\times0.8\times\sqrt{0.8}=189\ (\text{kW})$$

注意，电焊机为10台，平均分配于三条相线上，分配台数为3台、2台、4台，而计算 Pe_5 时，按照三条相线中最多的台数（即4台）×3条相线，所以台数为3×4。

该工地总设备容量：

$$P_e=40+45+30+186+189=490\ (\text{kW})$$

四、计算负荷的方法

（一）需要系数法

需要系数法是把用电设备的总设备容量乘以需要系数和同时系数，从而直接求出计算负荷的一种简便方法。需要系数法主要用于工程初步设计及施工图设计阶段，对变电所母线、干线进行负荷计算。当用电设备台数较多，各台设备容量相差不悬殊时，其供电线路的负荷计算也采用需要系数法。

需要系数 Kx：由于电气设备的额定工作条件不同，有的长时间工作（变压器），有的短时间工作（临时电动机），还有的反复工作（塔吊），这样就造成各用电设备不会同一时间一起工作，一起工作的设备不会都在满负荷情况下运行，同时，设备和线路都存在损耗。所有这些因素综合起来，使系统内最大负荷与全系统用电设备总容量之间存在差异，前者比后者小，两者比值称为需要系数。

需要系数表示配电系统中所有用电设备同时运转的程度，通常值小于1，只有在所有用电设备同时连续运转且满载的情况下才能为1。

1. 有功计算负荷

每一组的用电设备的计算负荷

$$P_{js} = K_X \sum P_e$$

式中，K_X——用电设备组的需要系数；

$\sum P_e$——该用电设备组的设备容量之和。

2. 无功计算负荷

$$Q_{js} = P_{js}\tan\varphi$$

式中，$\tan\varphi$——用电设备组的 $\cos\varphi$ 的正切值；

P_{js}——有功计算负荷（kW）。

3. 视在计算负荷

$$S_{js} = P_{js}/\cos\varphi \text{ 或 } S_{js} = \sqrt{P_{js}^2 + Q_{js}^2}$$

式中，$\cos\varphi$——用电设备的平均功率因数。

4. 计算电流

$$I_{js} = S_{js}/\sqrt{3U_n}$$

式中，U_n——用电设备组的额定电压。

5. 功率因数

$$\cos\varphi = P_{js}/S_{js}$$

例题2：根据例题1的设备总容量的计算结果，该施工现场的电压为380V，需要系数为0.6，功率因数 $\cos\varphi$ 为0.85，$\tan\varphi$ 为0.62。试求出该工地的计算负荷（有功计算负荷、无功计算负荷、视在计算负荷、计算电流）。

解析：

该工地总设备容量：$Pe = 40 + 45 + 30 + 186 + 189 = 490$（kW）

有功计算负荷：

$$P_{js} = K_X \times P_e = 0.6 \times 490 = 294 \text{（kW）}$$

无功计算负荷：

$$Q_{js} = P_{js} \times tan\varphi = 294 \times 0.62 = 182.3 \text{（kW）}$$

视在计算负荷：

$$S_{js} = P_{js}/\cos\varphi = 294 \div 0.85 = 345.9 \text{（kW）}$$

计算电流：

$$I_{js} = S_{js} \div \sqrt{3U} = 346 \div (1.732 \times 0.38) = 526 \text{（A）}$$

（二）估算法

1. 需要系数估算法：

$$P_{总} = K_x \sum P_e$$

式中，$P_{总}$——总计算负荷；

$\sum P_e$——设备铭牌功率的总和；

K_x——总需要系数。

注意：K_x 的取值，对生产车间按工艺的不同，取0.2～0.8；对工厂按生产性质不同，可取0.15～0.35；对民用建筑的照明负荷，一般住宅楼取0.4～0.6，教学楼取0.8～0.9，商业、服务楼取0.75～0.85，旅游宾馆取0.6～0.7，展览厅取0.5～0.7等。

2. 单位面积估算法：

$$P_{总} = P \cdot S$$

式中，$P_{总}$——总计算负荷；

P——单位面积安装功率（W/m^2），如住宅楼（有电热水器）为20（W/m^2），科研楼为10～40（W/m^2），剧场的舞台照明为30～70（W/m^2），商业、服务楼为20～40（W/m^2），展览馆为30～50（W/m^2）等；

S——建筑面积。

实训　施工现场用电负荷的计算

实训题目：

施工现场用电负荷的计算。

实训目的：

掌握用电总功率，有功、无功、视在计算负荷，计算电流的方法。

设计内容：

案例：某办公楼采用380/220V三相五线制供电系统供电。

设备列表如下：需要系数 $Kx=0.6$，功率因数 $\cos\phi=0.85$（$\tan\phi=0.62$）。

试求：（1）该办公楼动力设备的总功率；（2）该楼动力系统的计算负荷（附：$\sqrt{0.65}=0.8$）。

序号	设备名称	台数	额定功率（kW）	暂载率（%）	备注
1	电梯	2	14	65	
2	生活给水泵	2	18.5	连续运行	一用一备
3	消防栓水泵	2	22	连续运行	一用一备
4	空调机组	1	120	连续运行	
5	公用通道照明灯组	60	0.06		

章节小结

本模块主要介绍了电力系统的工作原理及组成，供电的负荷分级以及电力系统的负荷计算。

电力系统由五个环节组成：发电、变电、输电、配电和用电。

变电站的分级：地区变电站，从 220～500kV 的超高压输电网或发电厂直接受电，通过变压器把电压降为 35～110kV；终端变电站，经变压器将 35～110kV 电压降到 6～10kV，对市区或农村城镇用户供电；企业变电站，电压由 6～10kV 降为 220/380V，对车间各用电设备直接进行供电。

三类额定电压：第一类额定电压，把 100V 以下的额定电压称为第一类额定电压，主要用于安全照明、蓄电池及开关设备；第二类额定电压，大于 100V 小于 1000V 的额定电压，主要用于动力和照明；第三类额定电压，1000V 以上的额定电压，主要用于发电机、变压器、送电线路及高压用电设备。

负荷分级及对于电源的要求：一级负荷供电要求，应有两个或两个以上独立电源供电（两个电源之间无联系），同时还必须增设应急电源；二级负荷供电要求，供电系统应做到当发生电力变压器故障或线路常见故障时，不至中断供电（或中断后能迅速恢复）。宜有两个电源供电，在负荷比较小或地区供电的条件困难时，二级负荷可以由一路 6kV 以上专用架空线供电；三级负荷应设有两台变压器，采用暗备或一用一备的方式供电。

设备的工作制：长期工作制、短时工作制、断续工作制。暂载率的公式：

$$JC = \frac{t}{T} \times 100\% = \frac{t}{t + t_0} \times 100\%$$

负荷计算的方法：需要系数法和估算法。

章节练习

1. 电力系统由哪几部分组成？它们的作用是什么？
2. 电网的额定电压如何分级？
3. 供电系统的负荷分为几级？分别有什么要求？

模块三 消防电源

学习目标

1. 能简述消防供电系统的组成及工作原理。
2. 掌握消防电源的负荷分级和相应的要求。
3. 应急电源的类型及特点。
4. 了解应急照明电源、疏散指示标志电源及自动报警系统电源的设计及安装要求。

项目一 消防供电

一、消防供电的重要意义及组成

消防用电设备的供电，是根据建筑的高度、使用性质、火灾危险性、疏散和扑救难度等划分负荷等级，如消防控制室、消防水泵、消防电梯、火灾自动报警和自动灭火装置、火灾应急照明、疏散指示标志和电动的防火门窗、卷帘阀门等专用的消防设备或设施，都是以电力作为动力源的。不同的设备往往需要不同等级的消防负荷供电，不同的消防负荷等级主电源的供电要求也不同，其目的是为了保证消防用电设备的正常工作，有效地发挥自动消防系统自动自救的作用。火灾发生时往往发生停电事故，或为保证安全扑救火灾而需拉闸断电，所以要保证火灾时消防安全设施、设备能充分发挥作用，就必须设置符合消防安全要求的电源或备用动力。

二、消防供配电系统的组成

消防供配电系统由电源、配电部分和用电设备三部分组成，如图 3－1 所示。

（一）电源

电源是提供电压的装置，也是将其他形式的能量转换成电能的装置。消防电源多由几个不同用途的独立电源以一定的方式互相联接构成一个电力网络进行供电。通常情况下，依据不同的时间和供电范围把消防电源分为主电源和应急电源两类。主电源指电力系统电源，消防电源中的电力系统电源是指通过输电、变压和分配，将其送到 220V/380V 低压消防用电设备。应急电源由自备柴油发电机组或蓄电池组担任。在消防电源中设置应急电源是确保消防电源向用电负荷连续供电的关键措施之一。

消防系统如果完全依赖城市电网供给电能，火灾时一旦失电，势必给早期报警、灭火作业带来困难，甚至造成巨大的人身和财产损失，所以，电源设计时必须考虑发生火

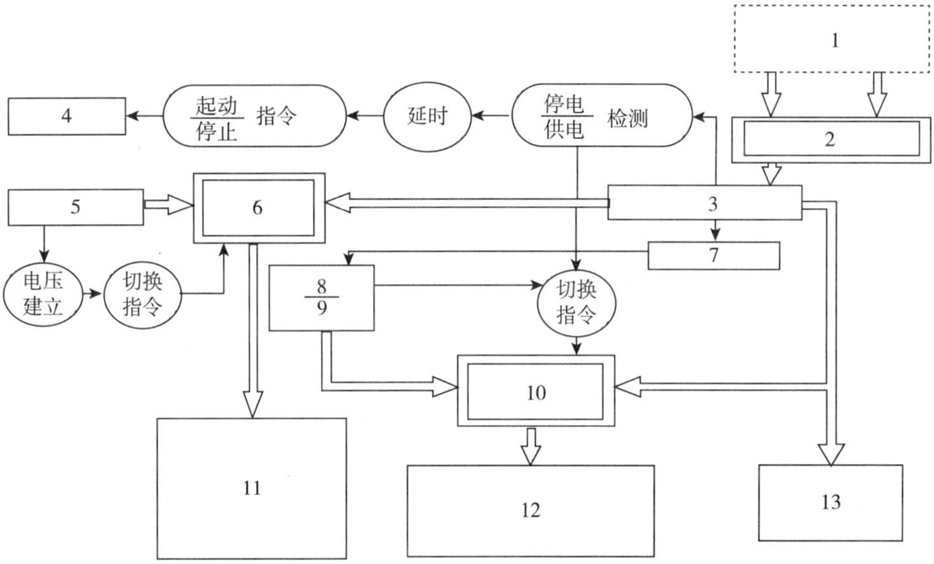

图 3－1　消防供配电系统示意图

1—双回路受电源　2—高压切换开关　3—低压变配电装置　4—柴油机　5—交流发电机　6、10—应急电源切换开关　7—充电装置　8—蓄电池　9—逆变器　11—消防动力设备（消防水泵、消防电梯等）12—火灾应急照明与疏散指示标志　13——一般动力、照明

灾消防电源的连续供电问题。

对于停电时间要求特别严格的用电设备还可采用不停电电源（UPS）进行连续供电。例如，在火灾应急照明或疏散指示标志的光源处需要获得交流电时，可设置将蓄电池直流电变为交流电的逆变器。

（二）配电部分

配电部分是电源到用电设备的中间环节，其作用是对电源进行保护、监视、分配、转换、控制和向消防用电设备输配电能。配电装置有变电所内的低压开关柜、发电机配电屏、动力配电箱、照明分配电箱、应急电源切换开关箱等及配电干线和支线线路。配电装置应设在不燃区域内，设在防火分区时要有耐火结构，从电源到消防设备的配电线路要用绝缘电线穿管埋地敷设，或敷设在电缆竖井中，若明敷时应使用耐火的电缆槽盒。双回路配电线路在末端配电箱处进行电源切换。值得注意的是，正常供电时切换开关一般长期闲置不用，为防止切换开关的锈蚀，平时应定期对其维护保养，以确保火灾时能正常工作。

为保证用电的连续性，消防系统的配电应满足如下要求：

第一，消防用电设备的双路电源或双回路供电线路应在末端配电箱处切换。灭火自动报警系统应设有主电源和直流备用电源，其主电源应采用消防电源，直流备用电源宜用火灾报警控制器的专用蓄电池。当直流备用电源采用消防系统集中设置的蓄电池时，火灾报警控制器应采用单独的供电回路，并能保证在消防系统处于最大负载状态下不影响报警控制器的正常工作。消防联动控制装置的直流操作电源电压应采用 24V 的。

第二，配电箱到各消防用电设备应采用放射式供电。每一个用电设备应有单独的保护设备。

第三，重要消防用电设备（如消防泵）允许不加过负荷保护。因消防用电设备总运行时间不长，短时间的过负荷对设备危害不大，以争取时间保证顺利灭火。为了在灭火后及时检修，可设置过负荷声光报警信号。

第四，消防电源不宜装漏电保护，如有必要可设单相接地保护装置，在故障发生时发出报警信号。

第五，消防用电设备、疏散指灯、消防报警设备、火灾事故广播及各层正常电源配电线路均应按防火分区或报警区域分别出线。

第六，所有消防电气设备均应与一般电气设备有明显的区别标志。

（三）用电设备

消防负载，也称为消防用电设备，可归纳为下面几类：

· 报警相通报设备，如火灾报警器、事故广播器、消防专用电话等。

· 电力拖动设备，如消防水泵、消防电梯、排烟风机、防火卷帘门等。

· 电气照明设备，如消防控制室、变配电室、消防水泵房、消防电梯前室等处所，火灾时需提供照明的灯具；人员聚集的会议厅、观众厅、走廊、疏散楼梯、太平门等火灾时人员聚集和疏散处所的照明和指示标志灯具。

· 其他用电设备，如应急插座等。

三、消防系统对供电的要求

消防主电源应设置专用的消防配电屏，供配电系统应能保证连续不间断地工作。

消防系统应设专用消防主电源及备用电源，主、备电源应能保证在极短时间内完成可靠地切换、启动，实现对消防系统的可靠供电；备用电源容量应保证在主电源发生停电事故时，确保至少两个监控区域消防设备的供电能力。

各层消防联动控制设备及火灾报警控制器电源宜由消防控制室专用回路集中供电。

火灾事故照明、疏散指示照明、消防联动控制设备、火灾报警控制器等消防用电设备为分散供电时，在各层应设置专用配电箱供电。

火灾报警控制器的备用电源用蓄电池供电时，其容量应按火灾报警控制器在监视状态下工作 24h 后再加上 2 个分路同时报警 30min 用电量之和计算；同时，全部音响设备必须满足 10min 的供电能力。

消防用电设备的双路电源，应在消防控制室、消防泵房、消防电梯机房、防排烟机房、事故照明配电箱、各楼层应急照明配电箱等处自动切换。

消防系统中供电系统的布线，应按照我国高层建筑防火设计规范及有关消防法律的规定，配电线路无论是明敷还是暗敷，都要采取必要的防火耐热措施。

项目二　主电源

建筑消防系统中消防控制室、消防水泵、消防电梯、防烟排烟设施、火灾自动报警设备及自动灭火装置、火灾事故照明、疏散指示标志等皆属于消防用电设备，在火灾中一旦断电，将会影响早期报警、安全疏散、自动和手动灭火作业，甚至造成极为严重的财产损失和人身伤亡。因此，电源设计时必须认真考虑火灾时消防用电设备的电能连续供给问题。向消防用电设备供给电能的电源称为消防电源，需要绝对可靠，并便于操作和维护。

按照我国消防法律规定，消防系统供电电源分主电源及备用电源两类。主电源是保证工业与民用建筑火灾情况下系统工作用电的电源，为保证主电源能连续可靠地供电，按照负荷等级要求，还应包括备用电源，即当正常电源故障停电时，备用电源应继续连续供电。

一、消防负荷等级

主要根据建筑物的结构、使用性质、火灾危险性、疏散和救援难度以及事故后果严重性等情况，确定消防负荷的级别。

（一）《建筑防火设计规范》（GB 50016—2014）的规定

一类高层建筑按一级负荷要求供电，二类高层建筑按不低于二级负荷要求供电。

除此以外，建筑高度超过 50m 的乙、丙类厂房和丙类库房的消防用电设备应按一级负荷供电。

消防用电应按二级负荷供电的建筑有以下几种：

· 室外消防用水量超过 30L/s 的工厂、仓库；

· 室外消防用水量超过 35L/s 的易燃材料堆场、甲类和乙类液体储罐或储罐区、可燃气体储罐或储罐区；

· 超过 1500 个座位的影剧院、超过 3000 个座位的体育馆、每层面积超过 3000m^2 的百货楼、展览楼和室外消防用水量超过 25L/s 的其他公共建筑。

（二）其他规范关于消防负荷级别的规定

国家现行《人民防空工程设计防火规范》明确规定，建筑面积大于 5000m^2 的，其消防用电按一级负荷要求供电；建筑面积小于 5000m^2 的人防工程消防用电可按二级负荷的要求供电。

国家现行《石油化工企业设计防火规范》明确规定，石油化工生产区消防水泵房用电设备的电源，应满足一级消防负荷供电要求。

《汽车库、修车库、停车场设计防火规范》规定：

· Ⅰ类汽车库、机械停车设备以及采用升降梯作车辆疏散出口的升降梯用电应按一级负荷供电；

· Ⅱ、Ⅲ类汽车库和Ⅰ类修车库应按二级负荷供电。Ⅳ类汽车库和Ⅱ类、Ⅲ类、Ⅳ类修车库可采用三级负荷供电。

二、供电要求

（一）一级负荷的供电要求

一级负荷应至少由两个电源供电。两个电源的要求应符合下列条件之一：

1. 两个电源间无联系；

2. 两个电源间有联系，但符合下列要求：

（1）发生任何一种故障时，两个电源的任何部分应不致同时受到损坏；

（2）发生任何一种故障且主保护装置动作正常时，有一个电源不中断供电，并且在发生任何一种故障且主保护装置失灵以致两电源均中断供电后应有人值班完成各种必要操作，迅速恢复一个电源供电。

具备下列条件之一，可视为两个独立电源：

·电源来自两个不同的发电厂；

·电源来自两个区域变电站（电压在35kV及35kV以上）；

·其中一个电源来自区域变电站，另一个为自备发电设备。

（二）二级负荷的供电要求

二级负荷应尽量做到当发生电力变压器故障或电力线路常见故障时不致中断供电（或中断后能迅速恢复）。因此，当地区供电条件允许且投资不高时，二级负荷宜由两个电源供电，在负荷较小或地区供电条件困难时，二级负荷可由6kV以上专用架空线路供电，如采用电缆时，应敷设备用电缆并经常处于运行状态。二类建筑有自备发电设备时，当自动启动困难时，可采用手动装置启动。

（三）三级负荷的供电要求

三级负荷应设有两台变压器，采用暗备用或一用一备的方式供电。

三、供电方式

电源供电方式，原则上有放射式、树干式两种。供电方式选择所依据的因素比较多，主要有电压高低、负荷大小及数日的多少、电源与负荷的相对位置、经济效果、将来的发展、负荷对供电可靠性的要求、建筑物规模和外形等。消防负荷首先应考虑供电可靠性及其备用性问题，也就是必须保证它有两个电源或双回路。从这点出发，根据负荷对可靠性的要求，按上述三种供电方式又分为无备用系统和有备用系统两种。在有备用系统中，当一个回路故障停电时，其余回路将保证负荷全部供电或只保证重要负荷供电。

（一）无备用系统

这种系统的优点是线路接线和敷设简单，运行操作和维护方便，容易发现和排除故障。其缺点是可靠性差。

无备用系统接线方式有单回路放射式和树干式两种。

1. 单回路放射式，如图3－2所示。

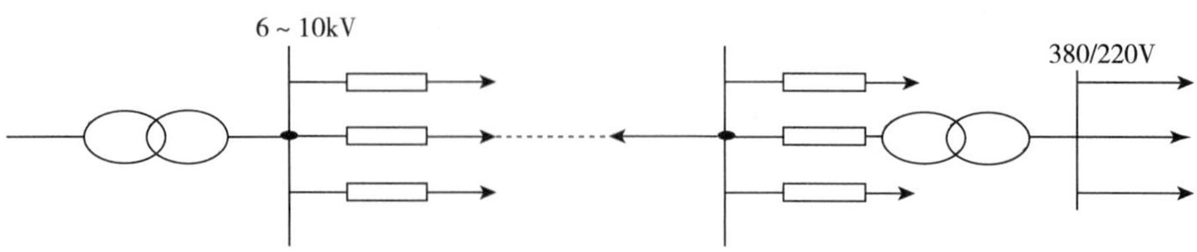

图3－2

由电源点母线上引出的每一条专用回路直接向一个用户受电端供电，各条回路中途并不替接其他分支负荷，用户受电端之间也没有联系。

主要优点：各回路独立，接线清晰，操作维护方便。故障时各供电线路互不影响，停电机会少，保护简单，保护装置工作时间短。

缺点：总降压变电所出线回路多，开关多，投资较大，有色金属消耗多，特别是当电源进线、变压器和母线故障时，会使全部负荷供电中断，或某一馈线或开关故障时，则该出线供电负荷也要断电。

2. 树干式，如图 3－3 所示。

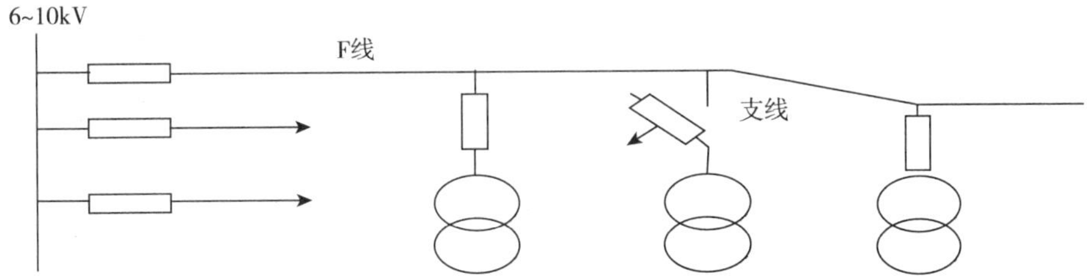

图 3－3

由电源点引出的每条回路供电干线沿线的用户用电点，都从该干线上直接接出分支线供电。

优点：高压配电装置少、投资少；出线少、总长度短、敷设简单；能节约有色金属和降低线路损耗。

缺点：出线前段线路公用，若线路上任一线段（含干线或支线）发生故障就会使全线停电，影响面广；若使线路继电保护通过有选择的动作切除故障，又会增加继电保护装置工作时间，从而延长了故障存在时间，可靠性差。这两种接线只适用于三级负荷供电。

（二）有备用系统

这种系统的供电方式分双回路放射式和环式两种。优点是可靠性高，缺点是使用设备多、投资大。

1. 双回路放射式

每个负荷都用双回路供电，双回路放射式按电源数目又分为单电源双回路放射式（如图 3－4 所示）和双电源双回路放射式（如图 3－5 所示）。

当在一条线路发生故障或检修时，另一条线路可继续供电。对单电源双回路放射式来说，当电源发生故障时会停电。对双电源双回路放射式来说（双电源双回路交叉放射式），由于两路放射式线路连接在不同电源母线上，无论任一线路或任一电源故障时，都能保证供电不中断。双电源双回路交叉放射式，从电源到负载都设置双套设备，可同时投入工作状态，互为备用，可靠性很高，适用于一级负荷，但投资大，接线复杂，操作维护不便。

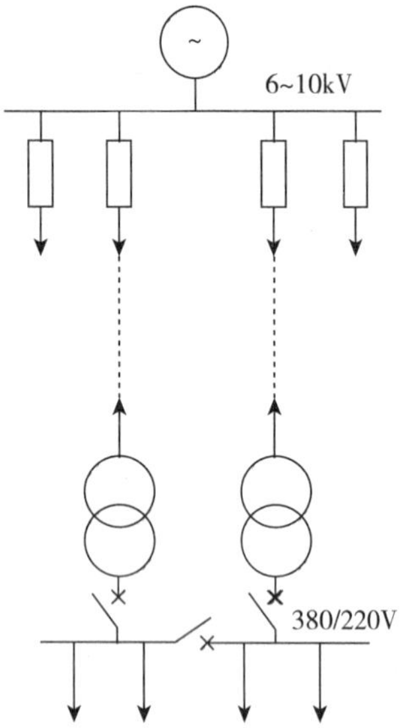

图 3－4

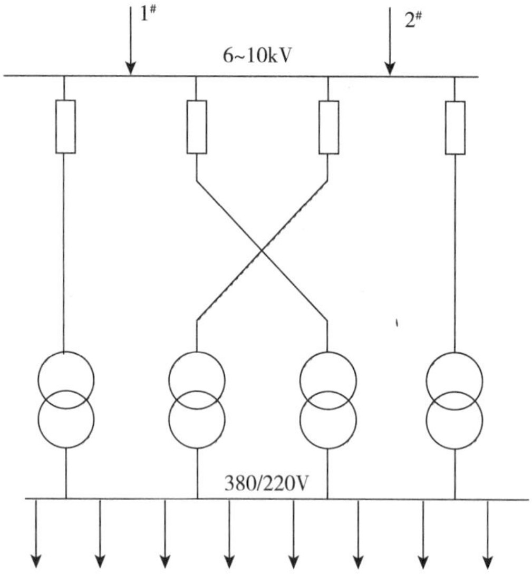

图 3－5

2. 环式

它实质上是串联型树干式的一种改进型，只要把两路串联型树干式线路的末端联络起来就构成了环式，如图 3－6 所示。

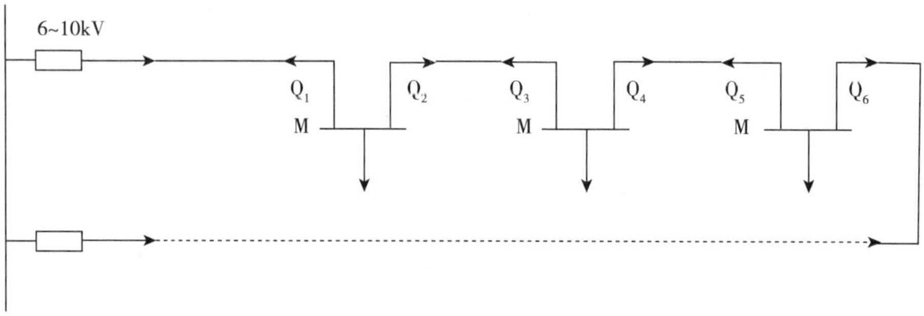

图 3－6

环式的优点是使用设备少，各线路走向不同，不易同时发生故障，可靠性较高，适用于二、三级负荷；缺点是线路较长，电源附近发生故障时，电压损失大；一般要求电压损失不超过一定值，要减小电压损失则又使线路金属损耗量增加。

环式运行方式有开环和闭环两种。由于闭环形成两端供电，当线路某一处故障时会使进线端断路器都跳闸，造成全部停电，故一般多用开环运行。虽说环式也是树干式的一种，但故障后的恢复供电要比树干式快，可用来供给二级负荷。

所述为电源供电的三种供电方式和两大类基本供电系统。总体看来，有备用系统比无备用系统可靠性高；双电源双回路放射式可满足一级消防负荷的供电要求；单电源双回路放射式可向二级消防负荷供电。单回路放射式系统受电变压器低压侧有引自其他变电所变压器低压侧的联络线时，也可满足一、二级负荷要求。

项目三　应急电源

当工业与民用建筑处于火灾应急状态时，为了保证火灾扑救工作的成功，担负向消防用电设备供电的独立电源称为应急电源。

一、应急电源概述

《民用建筑电气设计规范》明确规定，一级负荷应由两个电源供电，当一个电源发生故障时，另一个电源应不致受到损坏；一级负荷的电源形式有二路高压电源和一路高压电源及一路低压电源、柴油发电机组或蓄电池组；一级负荷中的特别重要负荷除上述两个电源外，还必须增设应急电源。

（一）应急电源的特点

1. 高可靠性

电源在紧急状态下要能可靠供电，保证供电是它的第一目的。只要元器件可以运行不致损坏，供电就不能停止。

2. 可监视性

应急电源虽然使用在特殊场合（供电电源停电，发生火情等），但是应急柴油发电机组还应定期试车。尤其对应急静态不间断电源（EPS），一是利用其自身带的232接口，把信号送到主机，用计算机进行监视；二是对于正常负载，平时就用应急电源来供电是最好的监视。

3. 免维护性

免维护在设备中表现为以下三个方面：

一是电池的充放电量是利用设备自带的智能集成芯片完成的；

二是利用了免维护电池；

三是设备可发出警告信号。

4. 系统简单、控制方便

在一个特定的防火对象物中，应急电源种类并不是单一的，多采用几个电源的组合方案。其供电范围和容量，一般是根据建筑负荷等级、供电质量、应急负荷数量和分布、负荷特性等因素决定的。

应急电源供电时间有限，其容量可按表3－1中的时间予以换算。

表3－1　应急电源的种类、供电范围和时间一览表

需备应急电源的消防设备	应急电源种类			时间/min	
	应急专用供电设备	自备发电机	蓄电池	日本	中国
室内消火栓设备	适用	适用	适用	30	
机械排烟设备		适用	适用	30	30
自动喷水灭火设备	适用	适用	适用	60	60

续表

需备应急电源的消防设备	应急电源种类			时间/min	
	应急专用供电设备	自备发电机	蓄电池	日本	中国
泡沫灭火设备	适用	适用	适用	30	
CO_2、卤代烷、干粉灭火设备		适用	适用	60	
消防电梯		适用		60	
火灾自动报警装置	适用		适用	10	10
防火门		适用	适用	30	
应急事故广播	适用		适用	10	
应急插座	适用	适用	适用	30	
火灾应急照明和疏散指示标志		适用	适用	20	20

（二）常用应急电源的种类

·独立于正常电源的发电机组；

·供电网络中有效的独立于正常电源的专门馈电线路；

·蓄电池；

·对供电时间要求特别严格的地方可采用不停电电源（UPS）。

（三）允许中断供电时间要求

·静态交流不间断电源装置适用于允许中断供电时间为毫秒级的场合；

·带有自动投入装置的独立于正常电源的专门馈电线路，适用于允许中断时间大于1.5s的场合；

·快速自动启动的柴油发电机组，适用于允许中断供电时间大于15s的场合。

（四）变配电设计时应注意的问题

第一，在进行配电设计时，首先要明确地划分一级负荷与一级负荷中特别重要的负荷。

第二，一级负荷中特别重要的负荷需要应急电源。

第三，应急电源设计中的重要参数：

（1）特别重要负荷的容量。

（2）用电持续时间是20min、40min，还是更长。

（3）允许间隔时间是毫秒级，还是1.5s或15s以上。

（4）应急电源型式有市电、柴油发电机及蓄电池。

二、柴油发电机组

柴油发电机组是由柴油机、发电机、启动装置、油罐、油箱、冷却系统等配套组成，它作为重要负荷的备用电源要求在市电故障或断电、火警时，在15s内启动向重要负荷供电。

（一）一般规定

符合下列情况之一时，宜设自备应急柴油发电机组：为保证一级负荷中特别重要的负荷用电；有一级负荷，但从市电取得第二电源有困难或不经济合理时；大、中型商业性大厦，当市电中断供电将会造成较大经济损失时。

机组宜靠近一级负荷或配变电所设置，柴油发电机房可布置于坡屋、裙房的首层或附属建筑内，应避开主要出口通道，如确有困难也可布置在地下层。

发电机间、控制室及配电室不宜设在厕所、浴室或其他经常积水场所的正下方和与其贴邻。

当市电停电时，应立即启动，在15s内投入正常带负荷状态。机组与电力系统有关联锁不得与其并联运行；当市电恢复时，机组应自动退出工作并延时停机。

当发电机组的容量在500kW以上时，应设控制室。

（二）发电机的选择

机组的容量与台数应根据应急负荷大小和投入顺序以及单台电动机最大的启动容量等因素综合考虑确定。机组总台数不宜超过两台。

在方案初步设计阶段，可按供电变压器容量的10%～20%估算柴油发电机的容量。

（三）发电机房的布置

柴油发电机组外廓与墙壁的净距最小尺寸见表3－2。

当不设计控制室时，控制柜和配电柜宜布置在发电机端或发电机侧，屏前距发电机端为2m，屏前距发电机侧为1.5m；

机房设置在地下层时，至少应有一侧靠外墙，热风和排烟管道应伸出室外，机房内应有足够的新风进口，气流分布应合理。

机房进风口宜设在正对发电机端或发电机端两侧，进风口面积应大于柴油机散热器面积的1.5倍。

表3－2　柴油发电机组外廓与墙壁的最小尺寸（m）

容量（kW）		64以下	75～150	200～400	500～800
机组操作面	A	1.6	1.7	1.8	2.2
机组背面	B	1.5	1.6	1.7	2.0
柴油机端	C	1.0	1.0	1.2	1.5
机组距离	D	1.7	2.0	2.3	2.6
发电机端	E	1.6	1.8	2.2	2.4
机房净高	H	3.5	3.5	4～4.3	4.3～5

机房在设计时应采取机组消音及机房隔音综合治理措施，治理后的环境噪音不宜超过表3－3中所列噪音标准（dBA）。

表 3 -3　机组噪声标准

通用区域	昼间/dBA	夜间/dBA
特殊住宅区	45	35
居民、文教区	50	40
一般商业与居民混合区	55	45
工业、商业、少量交通与居民混合区、商业中心区	60	50
工业中心区	65	55
交通干线道路两侧	70	55

除了这些要求，还要注意的问题有以下几点：

第一，机房应有良好的采光和通风。

第二，发电机间应有两个出入口，其中一个出口的大小应满足搬运机组的需要。门应采取防火、隔音措施，并应向外开启，发电机间与控制室之间的门和观察窗应采取防火、隔音措施，门开向发电机间。

第三，贮油间与机房相连布置时，应在隔墙上设防火门，并向发电机间开启；

第四，发电机间、贮油间宜做水泥压光地面，并应有防止油、水渗入地面的措施，控制室宜做水磨石地面。

第五，机房内的噪声应符合国家噪声标准规定，当机房噪声控制达不到要求时，应通过计算做消音、隔音处理。

第六，机房各工作间耐火等级与火灾危险性类别见表 3 -4。

表 3 -4　机房各工作间耐火等级与火灾危险性类别

名称	火灾危险性类别	耐火等级
发电机间	丙	一级
控制室	戊	二级
贮油间	丙	一级

（四）柴油发电机组可靠、安全、经济运行的措施

在消防用电设备中，一般来说消火栓水泵是最大的消防负荷，又具有很大的随机性。针对这种情况，为使柴油发电机组能可靠地运行，应采取下列措施：

· 正确选择消防泵电机容量。

· 对功率较大的异步电机尽量采用 Y—Δ 启动、电抗器启动、电阻启动或自耦减压补偿器等降压启动方法，以减少电动机启动容量。

· 调整启动顺序。较理想的顺序为最大容量电动机→较小容量电动机→无冲击的其他负荷。

· 错开启动时间，避免同时启动。

· 火灾信号使柴油发电机组共用母线在自启动投入前即把非消防负荷自动切除。

三、蓄电池组

蓄电池组是一种独立而又十分可靠的应急电源。火灾时，一旦失去电网电源，它即向火灾信息检测、传递、弱电控制和事故照明等设备提供直流电能。当然，这种电源经过逆变器或逆变机组会将直流电变为交流电。因此，它可兼作交流电应急电源，对不允许间断供电的交流负荷供电。

（一）蓄电池的分类

蓄电池分为铅酸蓄电池和碱性蓄电池两大类。

铅酸蓄电池，是历史最久、产量最大、价格便宜、用途最广的蓄电池。按用途可分为启动用、牵引车辆用、固定型及其他用途四种系列。

碱性蓄电池，包括碱性锌锰电池、镍镉电池、氢镍电池等品种。

蓄电池组通常按充放电制、定期浮充制和连续浮充制三种工作方式进行供电。消防常用连续浮充制的蓄电池组对小容量的消防用电设备供电。所谓连续浮充制，即整昼夜地将蓄电池组和整流设备并接在消防负载上。消防用电电流全部由整流设备供给，而且电池组处于连续浮充备用状态，当市电停电时才起作用。

蓄电池组的优点是供电可靠、转换快；缺点是容量不大，持续时间有限，放电过程中电压不断下降，需经常检查维护。

（二）安装蓄电池组应注意事项

· 电池排列应为双行，不应采用单行。

· 电池线应取最短的途径。

· 电池线（或汇流排）和电池相互间的连接都应采用焊接方式。

· 采用防酸隔爆蓄电池时，不必用电池架，而可采用铺设瓷砖的电池台。

四、不间断电源设备

现代许多重要用电设备是不能停电的，如重要的计算机系统、通信系统、医院手术等，停电就会造成重大事故。因此，近年来发展了一种新型不停电电源（UnintcHMPtcd Power System），简称 UPS。UPS 系统组成如图 3－7 所示。它主要由整流器、逆变器、充电器、蓄电池四部分组成。整流器将交流电变成直流电。

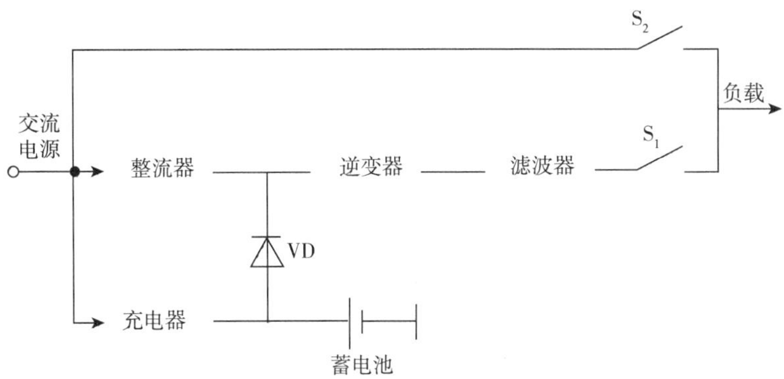

图 3－7

正常工作时，K_1 闭合，逆变器将整流器的输出直流电逆变为所需电压和频率的交流电，滤波后供给负载。同时，充电器（也是整流器）将交流电变换为直流电向蓄电池充电。如电网突然停电，则蓄电池通过二极管 D 为逆变器输入能量，交流电输出不受影响。电路中的二极管 D 起隔离开关的作用，电网正常供电时，二极管截止，整流器的输出不能向蓄电池充电，只有电网停电时二极管才导通。如逆变器发生故障，通过电子电路控制开关 K_2 闭合、K_1 断开，负载直接连通交流电网。

五、电源的切换方式

建筑处于火灾紧急状态时，为了确保安全疏散和火灾扑救工作的成功，担负向消防应急用电设备供电的独立电源，称为火灾应急电源。应急电源一般有三种类型，即城市电网电源、自备柴油发电机组和蓄电池。对供电时间要求特别严格的地方还可采用不停电电源（UPS）作为应急电源。应急电源与主电源之间有一定的电器连锁关系。

当主电源运行时，应急电源不允许工作；一旦主电源失电，应急电源必须立即在规定时间内投入运行。在采用自备发电机作为应急电源的情况下，如果启动时间不能满足应急设备对停电间隙的要求，可以在主电源失电而自备发电机组尚未启动之时，使蓄电池迅速投入运行，直至在自备发电机组向配电线路供电时才自动退出工作。

常用的电源切换方式有首端切换和末端切换两种。

（一）首端切换

主电源与应急电源的首端切换方式，如图 3 – 8 所示。消防负荷各独立馈电线分别接向应急母线，集中受电，并以放射式向消防用电设备供电。柴油发电机组向应急母线提供应急电源。应急母线则以一条单独馈线经自动开关（联络开关）与主电源变电所低压母线相连接。正常情况下，该联络开关是闭合的，消防用电设备经应急母线由主电源供电。当主电源出现故障或因火灾断开时，主电源低压母线失电，联络开关经延时后自动断开，柴油发电机组经 30s 启动后，仅向应急母线供电，实现首端切换目的并保证消防用电设备的可靠供电。这里联络开关引入延时的目的，是为了避免柴油发电机组因瞬间的电压骤降而进行不必要的启动。

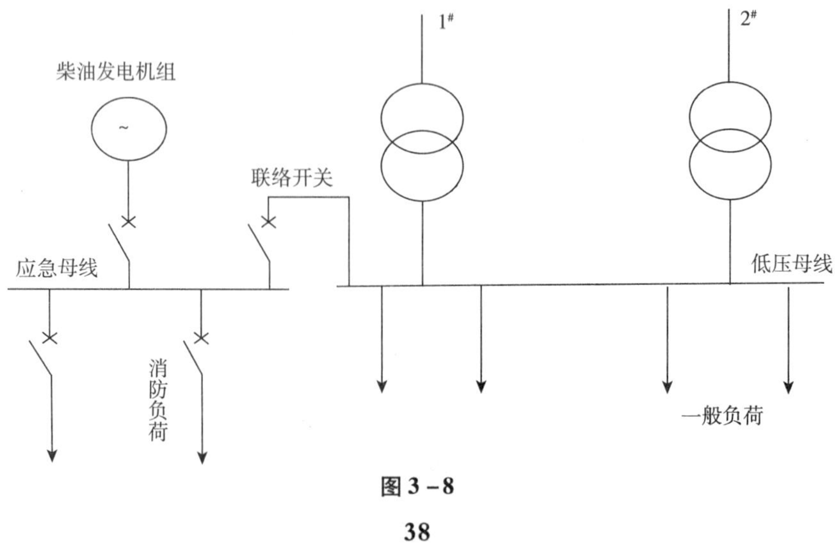

图 3 – 8

这种切换方式下，正常时应急电网实际变成了主电源供电电网的一个组成部分。消防用电设备馈电线在正常情况下和应急时都由一条线完成，节约导线且比较经济。但馈电线一旦发生故障，它所连接的消防用电设备即失去电源。另外，由于选择柴油发电机容量时是依消防泵等大电机的启动容量来定的，备用能力较大，应急时只能供应消防电梯、消防泵、事故照明等少量消防负荷，从而造成了柴油发电机组设备利用率低的情况。

（二）末端切换

引自应急母线和主电源低压母线段的两条各自独立的馈线，在各自末端的事故电源切换箱内实现切换，其切换方式如图 3 －9 所示。由于各馈线是独立的从而提高了供电的可靠性，但其馈线比首端切换增加了一倍。火灾时当主电源切断，柴油发电机组启动供电后，如果应急馈线故障，同样有使消防用电设备失去电能供应的可能。对于不停电电源装置（UPS），由于已经两级切换，两路馈线无论哪一个回路发生故障对消防负荷或一般负荷都是没有影响的。

应当指出，根据建筑的消防负荷等级及其供电要求，必须确定与火灾监控系统连锁、联动控制的消防设备相应的电源配电方式，一级和二级消防负荷中的消防设备必须采用主电源与应急电源末端切换的方式来配电。

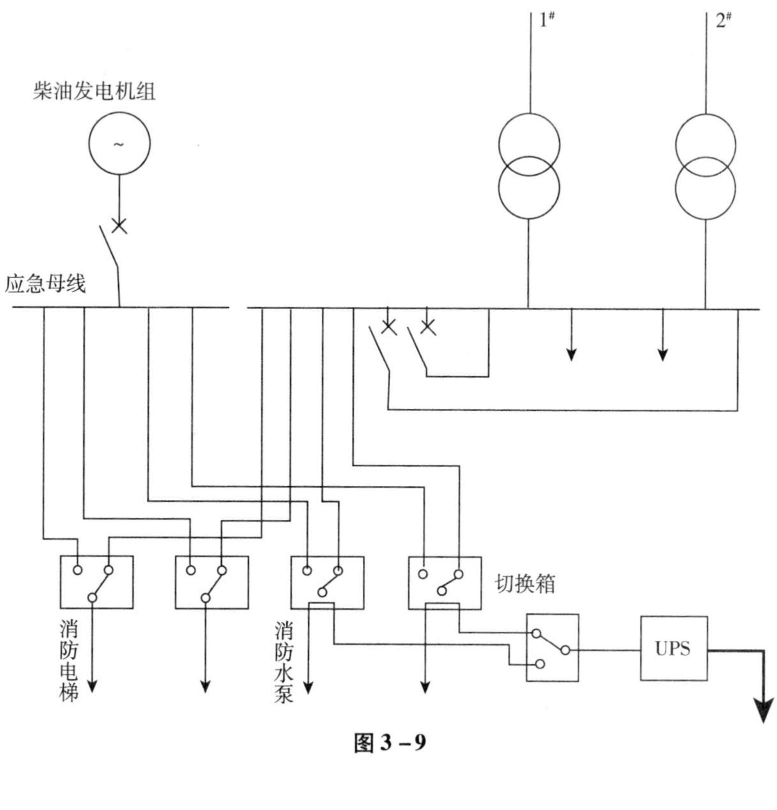

图 3 －9

项目四　应急照明与疏散指示标志及自动报警系统的电源

一、光学基础知识

光是能引起视觉的辐射能，它以电磁波的形式在空间传播。光的波长一般在380～780mm范围内，不同波长的光给人的感觉不同。正常人眼对于波长为555mm的黄绿光最敏感，也就是此光的辐射能引起人眼的最大视觉。

（一）物理量

1. 光通量

光源在单位时间内，向周围空间辐射出使人眼产生光感觉的能量称为光通量，符号为Φ，单位为流明（lm）。

光源在单位时间内向四周空间辐射的能量叫辐射通量，它由各种不同波长的辐射能量组成，各种波长的辐射通量相加，即为总辐射通量。只有可见光区的辐射功率能转变为光通量。光通量的大小取决于辐射功率的大小和光谱的光效率。波长为555nm的辐射通量能够完全转变为光通量。

2. 发光强度

发光强度是表征光源在给定方向上单位立体角内辐射的光通量，称为光源在该方向上的发光强度，符号为I，单位为坎德拉（cd）。发光强度是表征光源（物体）发光能力大小的物理量。对于各方向均匀辐射光通量的光源，各方向的光强相等，其值为：

$$I = \frac{\Phi}{\omega}$$

式中，Φ——光源在ω立体角内所辐射出的总光通量，lm

ω——光源发光范围的立体角，sr

$$\omega = \frac{S}{\gamma^2}$$

式中，γ——球的半径，cm

S——与ω立体角相对应的球表面面积，cm^2

3. 照度

照度指物体被照亮的程度，采用单位面积所接受的光通量来表示，表示单位为勒（克斯）（Lux，Lx），即$1m/m^2$。1勒（克斯）等于1流（明）（lumen，lm）的光通量均匀分布于$1m^2$面积上的光照度。照度是以垂直面所接受的光通量为标准的，若倾斜照射则照度下降。

对于设置在疏散通道的疏散照明，最低照度不应低于0.5Lx。

指示出口的标志灯，有的国家并不用照度表示而用亮度表示。其图形和文字呈现的最低亮度不应小于150cd/mz，最高不大于300cd/mz，任何标志上最低和最高亮度比都在1∶10以内。因为，标志效果和清晰度是由亮度、图形、对比、均匀度、视看距离和安装位置等因素决定的。为保证标志灯在烟雾下仍能使逃难者清楚辨认，美国推荐最大视看距离为30m，我国为20m。

当工作照明与应急照明混合设置时，应急照明的照度为该区工作照明照度的10%以上。具体数值可视环境条件而定，最大为30%～50%。因为，应急状态下的工作毕竟是短暂的，虽有视觉上的不舒服，甚至加快视觉疲劳，但这是允许的。

4. 亮度

光源在给定方向单位投影面积上的发光强度称为光源在该方向上的亮度。符号为L，单位为尼特（nt）。

$$L = \frac{I_\theta}{S\cos\theta}$$

人眼对明暗的感觉不是取决于物体上的照度，而是取决于物体在眼睛视网膜上成像的照度。这由两个因素决定：物体在垂直于观察方向上的平面上的投影面积——决定像的大小；物体（被照物体可以看作是间接发光体）在该方向上的发光强度——决定在像面积上能接受多少光通量，故引入亮度的概念，它是衡量照明质量的一个重要依据。

5. 色温

色温是电光源的技术参数之一。当光源的发光颜色与黑体（能吸收全部光能的物体）加热到某一温度所发出光的颜色相同（与气体放电光源相似）时，称该温度为光源的颜色温度，简称色温（对于气体，放电光源称为相关色温）。例如，白炽灯的色温为2400～2900K。

6. 显色性和显色指数

同一颜色的物体在具有不同光谱功率分布的光源照射下显出不同的颜色，光源对被照物体颜色显现的性质，称为光源的显色性。

光源的显色指数，是指在待测光源照射下物体的颜色与在另一相近色温的黑体或日光参照光源照射下相比相符合的程度。一般显色指数用Ra表示。颜色失真越少，显色指数越高，光源的显色性越好。国际上规定，参照光源的显色指数为100。

（二）电光源

电光源就是将电能转换为光能的器件或装置，电光源按其发光机理可分为两大类：热辐射光源，利用物体加热辐射发光的原理制成的光源，如白炽灯、卤钨灯（碘钨和溴钨灯）等；气体放电光源，利用气体放电时的发光原理而制成的光源，如荧光灯、高（低）压汞灯、高压钠灯、金属卤化物灯和氙灯等。这里的高（低）压是指气体放电时的气压。电光源的种类很多，比较常用的有白炽灯、荧光灯、高压汞灯和卤钨灯。

1. 白炽灯

当今世界环保呼声越来越高，环保措施之一就是严格限制低光效的普通白炽灯的应用。这已成为全世界各国节能减排的共同要求。

2. 荧光灯

荧光灯即低压汞灯，它是利用低气压的汞蒸气在放电过程中辐射紫外线从而使荧光粉发出可见光的原理发光，因此，它属于低气压弧光放电光源。

荧光灯不能瞬时点燃，点燃可靠性不如白炽灯，只在应急状态用则需用快速启动荧光灯或高频荧光灯，以保证其可靠性。

3. 高压汞灯

高压汞灯由石英电弧管、外泡壳（通常内涂荧光粉）、金属支架、电阻件和灯头组成。电弧管为核心元件，内充汞与惰性气体。放电时，内部汞蒸气气压为2～15个大气压，因此称为高压汞灯。高压汞灯应用了先进的制灯工艺，使其光效更高、寿命更长，发白光，色温4100K左右，而且经济实惠，被广泛应用于室内外的工业照明、道路照明等领域。

高压汞灯的缺点是要求冷启动，就是说关灯后马上再开灯是开不了的，必须等几分钟灯管冷却下来以后才能重新开启，这是和白炽灯不同的。

4. 卤钨灯

在适当的温度条件下，从灯丝蒸发出来的钨在泡壁区域内与卤钨反应，形成挥发性的卤钨化合物。由于泡壁温度足够高，卤钨化合物呈气态，当卤钨化合物扩散到较热的灯丝周围区域时又分化为卤素和钨，释放出来的钨部分回到灯丝上，而卤素继续参与循环过程。

低电压卤钨灯具有相对更长的寿命、更高的安全性能等优点。

（三）照明方式

1. 一般照明

在整个场所或场所的某部分照度基本上均匀。对于工作位置密度很大而对光照方向无特殊要求或工艺上不适宜装设局部照明的场所，可采用一般照明。

2. 局部照明

局限于工作部位的固定的或移动的照明。局部地点需要高照度并对照射方向有要求时可采用局部照明。但在整个场所不应只设局部照明而不设一般照明。

3. 混合照明

一般照明与局部照明共同组成的照明。对于工作面需要较高照度并对照射方向有特殊要求的场所可采用混合照明。

混合照明中的一般照明的照度不低于混合照明总照度的5%～10%，并且最低照度不低于20Lx。

（四）照明种类

1. 工作照明

正常工作时使用的室内外照明。一般可以单独使用。

2. 事故照明

正常照明因故障熄灭后，供事故情况下继续工作或安全通行的照明。

3. 值班照明

在非生产时间内供值班人员使用的照明。

4. 警卫照明

用于有警卫任务的场所，根据警戒范围的需要装设警卫照明。

5. 故障照明

故障照明是装设在高层建筑物或构筑物上，作为航空障碍标志（信号）用的照明。

此照明并应执行民航和交通部门有关规定。

6. 应急照明

应急照明包括疏散照明、安全照明、备用照明。

· 疏散照明的地面水平照度不宜低于0.5Lx。

· 工作场所内的安全照明不宜低于该场所一般照明照度的5%。

· 备用照明（不包括消防控制室、消防水泵房、配电室和自备发电机房等场所）的照度不宜低于该场所一般照明照度的10%。

· 影院、剧场、体育场馆和多功能礼堂等场所的安全出口和疏散出口应装设指示灯。

二、应急照明电源

应急照明电源是指当正常电源不再提供正常照明需要的最低亮度状态，即正常照明电源电压降为额定电压的60%以下时，转换到应急照明电源供电。

应急照明电源大致可以分为以下几种类型：

第一，来自电力网、有效地与正常电源分开的馈电线路。

第二，柴油发电机组。

第三，蓄电池组。

（1）灯内自带蓄电池，即自带电源型应急灯。

（2）集中设置的蓄电池组。

（3）分区集中设置的蓄电池组。

第四，组合电源，即由以上任意两种以至三种电源组合供电的方式。

通常在有应急备用电源的地方，都要从最末级的分配电箱进行自动切换。

对于在分散布置的小型建筑物内供人员疏散用的疏散照明装置，由于容量较小，一般采用小型内装灯具、蓄电池、充电器和继电器的组装单元。正常电源电压也驱动一个继电器，以使应急单元上的灯具失电，一旦正常电源停电，继电器失电灯具就从内装的蓄电池得电。

当交流电源正常供电时，一路点燃灯管，另一路驱动稳压电源工作，并以小电流给镍铜蓄电池组连续充电。当交流电源因故停电时，无触点开关自动接通逆变电路，将直流变成高频高压交流电；同时，控制部分把原来的电路切断，将直流点燃电路接通，转入应急照明，直流供电不小于45min。

当应急照明达到所需时间后，无触点开关自动切断逆变电路，蓄电池组不再放电。一旦交流电恢复，灯具自动投入交流电路，恢复正常点燃，同时，蓄电池组又继续重新充电。应急白炽灯的直流供电和自控系统与上述过程相同，只是没有逆变部分。持续供电时间大于20min，电压不低于正常电压的85%，故能满足消防要求。

三、疏散指示标志电源

（一）需要设置火灾应急照明及疏散指示标志的部位

1. 供安全疏散用的主要房间

建筑火灾易造成严重的人员伤亡，其原因虽然是多方面的，但与有无应急照明也有一定的关系。为防止触电事故和因电气设备、线路扩大火势，需要在火灾时及时切断起火部位甚至整个建筑物的电源，此时如无应急照明，人员在漆黑环境中必定惊慌混乱，加上烟气作用更易引起不必要的伤亡。所以，应在楼梯间、防烟楼梯间前室、消防电梯间前室、合用前室和高层建筑的避难层等，主要供安全疏散用的疏散通道的主要部位设置应急照明。

2. 火灾时仍需坚持工作的房间

火灾时仍需坚持工作的房间主要有配电室、消防控制室、消防水泵房、防烟排烟机房、供消防用的蓄电池室、自备发电机房、电话总机房等。因为这些房间在扑救火灾过程中，出于保证通信联络、保证防烟排烟和人员的安全疏散等方面的需要，必须坚持工作，所以，以上场所也应设应急照明。

3. 人员集中场所

在人员密集场所设置应急照明对火灾事故时的紧急疏散是非常重要的。例如，某俱乐部在一次演出时，因小孩燃放鞭炮引起可燃物起火，由于无应急照明，加之只有一个出口，使观众们看不清出口，不能及时疏散出来，致使699人丧生；相反，某部队礼堂在演出中突然发生火灾，灯光熄灭一片漆黑，全场观众处于危急状况之中，这时剧场工作人员及时用四个手电照射疏散口，引导观众疏散，避免了大的混乱，礼堂虽然被烧毁了，但无人员伤亡。由此可见，设置火灾应急照明是非常重要的。所以，公共场所的观众厅，每层面积超过1500m^2的展览厅、营业厅、餐厅以及建筑面积超过200m^2的演播室，人员密集的建筑面积超过300m^2的地下室等公共场所都应当设置应急照明。

4. 疏散走道

为保证疏散顺利进行，在公共建筑内的疏散走道和居住建筑内长度超过20m的内走道上也必须设应急照明。影剧院、体育馆、多功能礼堂、医院的病房和除二类居住建筑以外的高层建筑等，其疏散走道和疏散门，均宜设置灯光疏散指示标志。因为在火灾初期，往往烟雾很大，人们在紧急疏散时易迷失方向，设有疏散指示标志，人们就能够在浓烟弥漫的情况下沿着灯光疏散指示标志顺利疏散，避免造成伤亡事故。

（二）火灾应急照明及疏散指示标志的设置要求

疏散用的应急照明，其地面最低照度不应低于0.5Lx；消防控制室、消防水泵房、防烟排烟机房、配电室和自备发电机房、电话总机房以及在发生火灾时仍需坚持工作的其他房间的应急照明仍应保证正常照明的照度，其照明支线应接在消防配电线路上。保证正常照明的照度是指应急照明的最低照度要与该部位平时工作面上的正常工作照度的最低照度一样。

疏散应急灯宜设在墙面或顶棚上。安全出口标志宜设在出口的顶部；疏散走道的指示标志宜设在疏散走道及其转角处距地面1m以下的墙面上，走道疏散标志灯的间距不应大于20m。疏散指示标志之所以设在距地面不超过1m的墙面上，是因为这一高度符合人们行走时目视前方的习惯，容易发现标志。若设在吊顶上或间距大于20m都有被烟气遮挡的可能。

应急照明灯和灯光疏散指示标志，应设玻璃或其他不燃材料制作的保护罩。保护罩能防止因火灾迅速烧毁应急照明灯和疏散指示标志而影响安全疏散。

（三）火灾应急照明和疏散指示标志电源的要求

火灾应急照明和疏散指示标志除采用正常电源外，可采用蓄电池作备用电源，且连续供电时间不应少于20min。这是因为当建筑物发生火灾时，其中人员必须在10min以内疏散完毕。在通常情况下，火灾在10min内产生的一氧化碳尚不多，但在10～15min所产生的一氧化碳就大大超过对人体危害的允许浓度，而空气中的氧含量这时也显著下降。如果在15min内还没疏散出来，则窒息死亡的可能性就很大，并且绝大多数建筑物采用蓄电池供电的火灾应急照明和疏散指示标志持续工作时间均在20min以上。

四、自动报警系统电源

（一）电源的要求

火灾自动报警系统是消防用电设备，系统供电首先应符合国家标准《建筑设计防火规范》（GB 500616－2014）有关规定的基本要求。同时，根据火灾自动报警系统本身的特点和实际需要，还应符合下列要求。

1. 火灾自动报警系统应设有主电源和直流备用电源

这是因为火灾自动报警系统的保护对象都是重要的或比较重要的建筑或场所，为了保证系统正常、可靠地工作，对系统供电必须是连续、可靠的。因此，系统必须设有主电源和直流备用电源，而且主、备电源应能自动切换。

2. 火灾自动报警系统的主电源应按一级负荷来考虑

火灾自动报警系统的主电源应采用消防电源，直流备用电源宜采用火灾报警控制器的专用蓄电池或集中设置的蓄电池，系统的负荷等级应按一级负荷来考虑。当直流备用电源采用集中设置的蓄电池时，火灾报警控制器应采用单独的供电回路，并应保证在消防系统处于最大负载状态下不影响火灾报警控制器的正常工作。

3. 火灾自动报警系统应当设有防止突然断电的保护措施

火灾自动报警系统中的CRT显示器、消防通信设备等的电源宜由UPS装置供电，防止突然断电造成装置不能正常工作。

火灾自动报警系统主电源的保护开关不应采用漏电保护开关，以防止造成系统断电不能正常工作。

（二）火灾自动报警系统用电线路的布设

火灾自动报警系统的布线首先应当符合一般建筑电气系统布线的基本要求，同时，还应当和符合国家标准《火灾自动报警系统设计规范》（GB 50116－2013）规定的要求。

1. 对用电线路的要求

火灾自动报警系统的传输线路和50V以下供电的控制线路，应采用电压等级不低于交流250V的铜芯绝缘导线或铜芯电缆。交流220V、380V的供电或控制线路应采用电压等级不低于交流500V的铜芯绝缘导线或铜芯电缆。

火灾自动报警系统传输线路的线芯截面选择，除应满足自动报警装置技术条件的要求外，还应满足机械强度的要求。铜芯绝缘导线、最小截面面积不应小于表3－5的规定。

表3-5 铜芯绝缘导线、最小截面面积

类别	最小截面/mm^2
穿管敷设的绝缘导线	1.0
线槽内敷设的绝缘导线	0.75
多芯电线	0.5

用电传输线路宜选择不同颜色的绝缘导线或电缆"+"线应为红色、"-"线应为蓝色。同一工程中相同用途导线的颜色应一致，接线端子应有标号。

2. 室内用电线路的要求

火灾自动报警系统的传输线路应采用穿金属管、阻燃型硬质塑料管或封闭式线槽保护方式布线。

消防控制、通信和警报线路暗敷设时，宜用金属管或阻燃型硬质塑料管保护，并应敷设在不燃烧体的结构层内，且保护层厚度不宜小于30mm。当明敷设时，应用金属管或金属线槽保护，并应在金属管或金属线槽上采取防火保护措施。采用经阻燃处理的电线时，可不穿金属管保护，但应敷设在电缆竖井或吊顶内有防火保护措施的封闭式线槽内。

火灾自动报警系统用的电缆竖井，宜与电力、照明用低压配电线路电缆井分别设置。如受条件限制必须合用，两种电缆应分别布置在竖井两侧。从接线盒、线槽等处引到探测器底座盒、控制设备盒、声器箱的线路均应加金属管保护。接线端子箱内的端子宜选择压接或带锡焊的端子板，接线端子上应有相应的标号。传输网络不应与其他系统传输网络合用。

项目五　发电机的使用维护

选用恰当的后备电源来满足紧急情况下消防负荷及其他重要负荷的供电要求，是民用建筑电气设计中一个不可忽视的问题。目前我们一般采用柴油发电机组作为应急交流电源。

柴油发电机组是一种小型发电设备，系指以柴油等为燃料，以柴油机为原动机带动发电机发电的动力机械。整套机组一般由柴油机、发电机、控制箱、燃油箱、启动和控制用蓄电瓶、保护装置、应急柜等部件组成。其整体可以固定在基础上定位使用，亦可装在拖车上移动使用。

现代柴油发电机组由柴油机、三相交流无刷同步发电机、控制箱（屏）、散热水箱、联轴器、燃油箱、消声器及公共底座等组件组成钢性整体。

（一）自备发电机组的选择

1. 自备发电机组的容量选择

自备发电机组的容量应满足整个建筑物内所有消防设备同时运行时的容量要求。当自备发电机组兼作其他重要设备的备用电源时，还应考虑备用电源的容量，但不是同时使用。例如，高级宾馆重要场所的照明等，当正常城市电源失电时，可利用自备发电机组来保证这些重要场所的正常供电，保持正常营业，但是，此时有火警时，应强制性切除这些设备的电源，自动切换到消防用电设备上，保证消防设备的紧急运行。

2. 自备发电机组设置位置及供电电压选择

（1）接近负荷中心，一般设在变配电所附近。自备发电机组一般采用 AC230/400V 低压供电，并应考虑低压供电的半径。当建筑物体型很大、消防用电设备很多并且分散时，可采用高压应急电机组供电。

（2）民用建筑可以将自备发电机组设置在地下室，但应考虑消防、通风、设备运输等要求，机房内应设置储油间，其总储存量不应超过 8h 的需要量。

（二）自备发电机组的使用操作

自备发电机组往往为整个建筑物消防用电设备的总应急电源。允许中断供电时间为秒级别，一类高层建筑应采用自动启动的自备发电机组，启动时间不大于 30s。二类高层建筑当采用自动启动装置有困难时，可采用手动启动装置。

1. 自动启动

（1）保持启动电动机的蓄电池组达到启动电压。

（2）保持散热器冷却水位正常，循环水阀常开。

（3）曲轴箱油位保持在量油尺刻线 ±2cm 的范围内。

（4）油箱油量在一半以上，燃油供油阀常开。

（5）发电机控制屏的“运行—停止—自动”开关在“自动”位置。

（6）机组配电屏的模式开关在“自动”位置。

（7）散热器风机开关打开，在“自动”位置。

（8）机组收到市电失压的讯号后启动，确定市电失压，切开转换柜市电开关，合上转换柜发电开关，启动机房的进风和排风机。

2. 手动启动

（1）室内气温低于 20℃时，开启电加热器，对机器进行预热。

（2）检查机体及周围有无妨碍运转的杂物，如有应及时清走。

（3）检查曲轴箱油位、燃油箱油位、散热器水位。如油位水位低于规定值，应补充至正常位置。

（4）检查燃油供油阀和冷却水截止阀是否处于开通位置。

（5）检查启动电动的蓄电池组电压是否正常。

（6）检验配电屏的试验按钮，观察各报警指示灯是否接通发亮。

（7）检查配电屏各开关是否置于分闸位置，各仪表指示是否处于零位。

（8）启动进风和排风机。

（9）按动发动机的启动按钮，使其启动运转。如第一次启动失败，可按下配电屏上相应的复位按钮，待其报警消除、机组恢复正常状态方可进行第二次启动。启动后，机器运转声音正常，冷却水泵运转指示灯亮及电路仪表指示正常，启动成功。

3. 手动操作并联供电

（1）待并车发电机的油温、水温、油压达到正常值，运转正常。

（2）等并车发电机的输出电压和频率的数值与母线排上的数值相一致。

（3）把待并车发电机的同步器手柄打在“合闸”位置。

（4）观察同步指示器的指示灯及指针。

（5）观察同步指示器的指示灯，完全熄灭时或指针旋转到零位即可打开并电合闸开关。

（6）机组进入并车运行，随后把其同步器手柄旋回“关断”位置。

（7）如果同步器合闸后，同步器指针旋转太快或反时针旋转，则不允许并车，否则将导致合闸失效。

（8）手动并车成功后，应立即与低压配电房联系，确认总配电屏馈出开关可否合闸送电后再行操作。

4. 停车

（1）总控屏的输出馈电开关分闸，脱开电网。

（2）发电机空载运转 10min 后停车。

（3）停止机房的风机、冷却水泵等。

（三）自备发电机组运行检查和功能测试方法

1. 按照规定时间检查各指示仪表，注意润滑油的压力及水温是否变化。润滑油的压力不得低于 150kPa，冷却水温度不可高于 95℃。

2. 检查曲轴箱油位、燃油箱油位、散热器水位，低于正常位置应予以补充。

3. 勤观察配电屏各仪表及报警指示灯是否正常。凡红灯亮表示故障，绿灯为正常运行指示灯。

4. 检查充电器是否正常充电。

5. 倾听机器的各部分运转声响是否正常。

6. 手摸机体外壳、轴承部位外壳、油管、水管，感觉温度是否正常。

7. 留意发电机或电器设备是否有焦糊等异味。

8. 发现有不良情况，应及时处理解决，严重的应停机处理。

9. 凡故障停机，须把故障消除，然后按动机组上的重复手掣，机组方可再运行。

（四）自备发电机燃油要求

柴油发动机的燃油是柴油发动机做机械功的重要工质。柴油机的主要燃料是柴油。轻柴油用于高速柴油机，重柴油用于中、低速柴油机，重油用于大型低速柴油机。

1. 对柴油的主要要求

（1）发火性好，使柴油机容易启动，工作柔和。

（2）雾化性好，容易形成可燃混合气体。

（3）低温流动性好，保证在较低气温下顺畅地向喷油泵供油，不发生堵塞等事故。

（4）燃烧产物积炭少。

（5）腐蚀性小。

（6）机械杂质与水分少。

2. 柴油的选用

选用轻柴油时，应根据地区气温与季节选用不同牌号（不同凝点）的轻柴油。为了保证发动机燃料系统在低温下能正常供油，柴油的凝点应比使用地区的最低气温低

4℃~6℃。10号轻柴油适用于有预热设备的高速柴油机，0号、-10号、-20号、-35号、-50号分别适用于风险率为10%的最低气温在4℃、-5℃、-14℃~-5℃、-29℃~-14℃、-44℃~-29℃的地区。风险率为10%的最低气温值表示最低温度低于该温度的概率为0.1，或者说最低温度低于该温度的可能性不超过$\frac{1}{10}$。

如按使用地区区分，各牌号轻柴油使用地区范围大致如下：0号轻柴油一般适用于全国各地区4~9月使用，长江以南地区冬季可以使用；-10号轻柴油适用于长江以南地区冬季和严冬时节使用；-20号轻柴油适用于长江以北地区冬季和长城以南、黄河以北地区严冬时节使用；-35号轻柴油适用于东北、华北、西北严寒区严冬时节使用；-50号轻柴油适用于东北、华北、西北严寒区冬季使用；-35号、-50号轻柴油因生产的资源有限，成本高、价格贵，如在夏季或南方使用，不仅造成浪费，还因含有轻质成分对防火安全不利。

3. 对燃油储备的要求

（1）在燃油来源及运输不便时，宜在建筑物主体外设40~64h贮油设备；

（2）按柴油发电机运行3~8h消耗量设置日用燃油箱，但油量超过消防有关规定时，应设贮油间，并采取相应防火措施；

（3）一般按160~240h消耗量设置润滑油贮存装置；

（4）日用燃油箱宜高位布置，出油口宜高于柴油机的高压射油泵；

（5）卸油泵和供油泵可共用，应装电动和机动各1台，其容量按最大的卸油或供油量确定。

4. 柴油发电机燃油供给系统的检查步骤

（1）检查燃油箱盖上的通气孔是否畅通，若孔中有污物应清除干净。检查加入的柴油是否符合要求的牌号，油量是否充足。油箱油量应在一半以上，并打开油路开关。

（2）打开减压机构摇转曲轴，每个气缸内有清脆的喷油声音表示喷油良好。若听到喷油声不来油，可能油路中有空气，此时可旋松柴油滤清器和喷油泵的放气螺钉，以排除油路中的空气。

（3）检查油管及接头处有无漏油现象，发现问题及时处理解决。

实 训 自备发电机组的使用维护

实训题目：

自备发电机组的使用维护。

实训目的：

了解发电机组的原理及维护方法。

设计内容：

通过材料了解发电机的操作与维护。

章节小结

本模块介绍了消防电源及其配电系统，消防配电系统是由电源、配电部分和用电设备三部分组成。

消防系统供电电源分主工作电源及备用电源两类。主电源按照负荷等级要求连续可靠地供电，当正常电源故障停电时，备用电源应继续连续供电。

应急电源的形式主要有：

1. 独立于正常电源的发电机组；
2. 供电网络中有效地独立于正常电源的专门馈电线路；
3. 蓄电池；
4. 对供电时间要求特别严格的地方，可采用不停电电源（UPS）。

供电方式主要分为两大类：无备用系统和有备用系统。无备用系统供电方式有单回路放射式和树干式；有备用系统供电方式有双回路放射式和环式。

主备电源切换方式：首端切换和末端切换。

应急照明电源、疏散指示标志电源、火灾自动报警系统电源的安装要求。

章节练习

1. 消防供配电系统的组成部分有哪些？
2. 应急电源有几种？它们的作用是什么？有什么特点？
3. 消防电源的切换方式有几种？请简述它们的优缺点。

模块四　导线电缆的防火设计

学习目标

1. 了解电气线路的防火要求，能够根据使用环境确定导线和电缆的类型。
2. 掌握室内电气线路的防火方法与阻燃措施。
3. 能够通过计算确定导线和电缆的截面积。

项目一　消防用电设备配线

为了提高消防电源供电系统的可靠性，除了对电源种类、供配方式采取一定的可靠性措施外，还要考虑火灾高温对配电线路的影响，采取措施防止发生短路、接地故障，从而保证消防设备的安全运行，使安全疏散和扑救火灾的工作能顺利进行。

一、配电线路的防火要求

（一）国外标准

消防用电设备配电线路的防火在国外有较严格的要求，如日本电气规范要求，消防用电设备的配电线路，要根据不同消防设备和配电线路分别选用耐火配线或耐热配线。所谓耐火配线，系指按照规定的火灾升温标准曲线达到 840℃时，在 30min 内仍能继续有效供电的配线；所谓耐热配线，系指按照规定的火灾升温标准曲线（1/2 的曲线）升温到 380℃时，仍能在 15min 内继续供电的配线。

（二）国内标准

目前国内有的厂已生产耐火和耐热电线，有条件的，可推广采用。在设计中，消防用电设备配电线一般是用金属管埋设在非燃烧体结构内。这是一种比较经济、安全的敷设方法。

穿金属管的保护层厚度要求不小于 3cm，这主要是参考火灾实例和试验数据而确定的。试验情况表明，3cm 厚的保护层，按照标准火灾升温曲线升温，在 15min 内，金属管的温度达到 105℃；30min 时，达到 210℃；到 45min 时，可达 290℃。试验又说明，金属达到此温度，配电线路温度约比上述温度低 1/3。在此温升范围内应能保证继续供电，因此，作了此规定。

（三）保护措施

考虑到钢筋混凝土装配式建筑或建筑物某些部位配电线路不能穿管暗设，必须明敷，故规定要采取防火保护措施，如在管套外面涂刷丙烯酸乳胶防火涂料等。

二、消防用电设备配线防火基本措施

根据消防设备在防火和灭火中的作用，其配线应采用耐火配线或耐热配线。

耐热电线现在国外已有相应产品，价格较贵。日本主要采用包铅或包铝电缆、钢带铠装电缆、氯丁橡胶铠装电缆、600V 耐热乙烯树脂绝缘电线、石棉绝缘电线、硅橡胶绝缘电线等产品。

根据国内外电线电缆产品的发展和对电气线路保护方式的研究结果，消防设备的耐火配线应优先选用矿物绝缘电缆，也可选用封闭式桥架等有有效保护的耐火电缆或穿金属管并埋设在不燃烧体结构内且保护层厚度≥30mm 的方式。耐热配线可选用：线路明敷时，采用穿金属管或金属线槽保护并应用防火涂料提高线路的耐火性能；当采用阻燃和耐火电缆时，可不穿金属管保护，应敷在电缆井内、电缆沟内或吊顶内有防火保护措施的封闭式线槽内，当与延燃电缆敷设在同一竖井时，二者之间应用耐火材料分隔开。消防控制设备工作接地应采用专用的截面积为 25mm^2 以上的铜芯控制干线。

项目二　电气线路的防火

一、线路敷设的防火要求

架空线路由电杆、横担、绝缘子和导线组成。它能支撑导线对地的安全距离，保持相间导线规定线距，起到导线对地以及导线之间的绝缘作用；能保证人身安全，防止因四季气温变化导线热胀冷缩或风吹摆动形成对地或相间短路。为了防止架空线路火灾应预防电气触电并采取一定的措施。

（一）对架空线路路径的防火要求

架空线路不得跨越以易燃材料为屋顶的建筑物和用可燃材料搭建的露天粮囤、棉花堆垛等可燃堆垛，为的是防止架空线路松弛受风吹摇摆相碰产生电弧熔融高温金属颗粒，散落到可燃易燃物上发生燃烧。

架空线路不得跨越易燃易爆物品库、有爆炸危险的场所、易燃可燃液体储罐、可燃气体储罐和易燃材料堆场等。当其与这些有燃烧、爆炸危险的设施靠近时，必须保持不小于电杆高度的 1.5 倍间距。主要是为了防止倒杆或发生断线事故时，因导线短路产生的火花、电弧，引燃易燃易爆物，形成燃烧爆炸事故。同样理由，已建的架空线路下方也不应堆放可燃材料或易燃易爆物。

（二）架空线路垂直、水平及其线间距离

为确保架空线路的安全运行，防止与车体、树木、建筑物等相碰短路，必须使其与各种设施之间保持一定的安全距离。其中，架空线有高压和低压两种。

1. 垂直距离

（1）380/220V 和 1 ~ 10kV 架空线路，与地面（含居民区、交通困难区）、水面（不通航的河、湖）以及跨越物（含铁路流）的最小允许间隔距离应符合有关规定。

（2）为了防止导线与树木顶部相碰发生对地短路，引发火灾甚至危及人身安全，导线至树木顶部的最小垂直距离见表4－1。

表4－1　导线与树木之间的最小垂直距离

线路电压/kV	1以下	1～10	35～110	154～220	330
垂直距离/m	1.0	1.5	4.0	4.5	5.5

2. 水平距离

在最大风偏的情况下，架空线路的边导线与城市中多层建筑物或扩建建筑物的规划线之间的水平距离，不应小于表4－2的数值；在没有风的情况下，导线与不在规划范围内的城市建筑之间的水平距离，即边导线与城市中现有建筑物之间的净空距离，不应小于该表数值的一半。

表4－2　导线边缘与建筑物之间的最小水平距离

线路电压/kV	1以下	1～10	35	60～110	154～220	330
垂直距离/m	1.0	1.5	3.0	4.0	5.0	6.0

3. 线间距离

架空配电线路导线与导线之间的距离不应小于表4－3的数值。

表4－3　导线间的最小距离

档距/m 线路电压/kV	40及以下	50	60	70	80	90	100	110	120
1以下	0.3	0.4	0.45	0.5	——	——	——	——	——
1～10	0.6	0.65	0.7	0.75	0.85	0.9	1.0	1.05	1.15

4. 交叉距离

架空线路相互跨越交叉距离。在相互跨越交叉时，在跨越交叉档距内，导线不应有接头，且较低压线路应在下方，较高压线路应在上方，并规定保持一定的允许跨越距离，防止高压线断线掉落在低压线上，或因间距不够而放电，扩大事故范围。其中允许跨越距离见表4－4。

表4－4　导线相互交叉时的允许跨越距离

跨越线路的额定电压/kV	6～10	35～110	154～220	330
跨越距离/m	2.0	3.0	4.0	5.0

二、接户线与进户线敷设的防火要求

架空线路的电杆到用户屋外第一个支持点之间的引线叫接户线。接户线的档距，不宜超过25m。距地距离，小于1kV的，要大于2.5m；对于1～10kV的，不应小于4m。

从用户屋外第一个支持点到屋内第一个支持点之间的引线叫进户线。进户线应采用绝缘线穿管进户。进户钢管应设防水弯头，为的是防止因电线磨损、雨水倒流造成短路或产生漏电而引起火灾。严禁将电线从腰窗、天窗、老虎窗或从草、木屋顶直接引入建筑内。

爆炸物品库的进户线，宜用铠装电缆埋地引入；进户处宜穿管，并将电缆外皮接地，从电杆引入电缆的长度要大于50m，电杆上应设置低压避雷器，以防感应雷电波沿进户线侵入库内而引起爆炸事故。

三、室内、外线路敷设的防火要求

室内线路是指安装在房屋内的线路；室外线路是指安装在遮檐下或沿建筑物外墙或外墙之间的配线。室内、外线路应采用绝缘线。在敷设时要防止导线机械受损，以避免绝缘性能降低。导线连接同时也要避免造成局部过热。

（一）按环境确定敷设方式

在实际生产、生活中，电气设备所处的环境各异，不同环境要求使用的导线、电缆类型也不同，安装敷设方法也要与之适应，只有这样才能保证导线在各种环境下都能安全运行，防止火灾。表4－5列出了按环境选择导线、电缆及其敷设方式，以供参考。

在高温场所，应以石棉、玻璃丝、瓷珠、云母等作为耐热配线。

有闷顶的三、四级耐火等级建筑物中，闷顶内的电线应采用金属配管或带有金属保护的绝缘导线。

表4－5　按环境选择导线、电缆及其敷设方式

环境特征	线路敷设方式	常见电线、电缆型号
正常干燥环境	1. 绝缘线瓷珠、瓷夹板或铝皮卡子明配线 2. 绝缘线、裸线瓷绝缘子明配线 3. 绝缘线穿管明敷设或暗敷设 4. 电缆明敷设或放在沟中	BBLX/BLXF/BLV/BLVA/BLX BBLX/BLXF/BLV/BLX/BV BBLX/BLXF/BLX ZLL/ZLL11/VLV/VJV/XLV
潮湿和特别潮湿环境	1. 绝缘线瓷绝缘子明配线（敷设高度大于3.5m） 2. 绝缘线穿管明敷设或暗敷设 3. 电缆明敷设	BBLX/BLXF/BLV//BLX BBLX/BLXF/BLV//BLX ZLL11/VLV/VJV/XLV
多尘环境	1. 塑料瓷珠、瓷绝缘子明配线 2. 绝缘线穿管明敷设或暗敷设 3. 电缆明敷设	BLV/BLVV BBLX/BLXF/BLV/BV/ ZLL11/VLV/VJV/XLV
有火灾危险环境	1. 绝缘线瓷绝缘子明配线 2. 绝缘线穿管明敷设或暗敷设 3. 电缆明敷设	BBLX/BLV/BLX BBLX/BLV/BLX ZLL11/VLV/YJV/ZLQ
有爆炸危险的环境	1. 绝缘线穿管明敷设或暗敷设 2. 电缆明敷设	BBX/BV/BX ZL120/ZQ20/VV20

（二）对室内、外线路敷设距离的要求

为防止导线绝缘损坏后引起火灾，敷设线路时，要注意线间、导线固定点间以及线路与建筑物、地面之间必须保持一定的距离。

1. 导线固定点间最大允许距离

导线固定点间的距离，因敷设方式、敷设场所和导线截面的不同而不同（见表4-6）。

表4-6　导线固定点间的最大允许距离（mm）

敷设场所	敷设方法	导线截面积/mm^2				
		1~4	6~10	16~25	35~70	95~120
室内	瓷夹板配线	700	800			
	瓷柱配线	1500	2000	3000		
	瓷绝缘子配线	2000	2500	3000	6000	6000
	塑料护套线配线	200	200			
	槽板配线	500（钉间）/300（盖钉间）				
室外	墙面上直接固定瓷柱或瓷绝缘子	2000	2000	2000		
	墙上支架上固定瓷绝缘子或瓷柱	6000	12000			
	电杆横担上固定瓷绝缘子	铜芯2.5mm^2、铝芯6mm^2，1000			铜芯4mm^2、铝芯10mm^2，25000	

2. 配线与建筑物、地面及导线间的最小距离

为了保证配线的安全运行，配线与室内外管道、建筑物、地面及导线相互间应保持一定的最小距离（分别见表4-7至表4-11）。

表4-7　室内、外绝缘导线线间最小距离

固定点间距/m	导线最小间距/m	
	室内配线	室外配线
<1.5	35	100
1.5~3	50	100
3~6	70	110
>6	100	150

表 4－8　配线与管道间最小距离（mm）

管道名称	接近方式	穿管配线	绝缘导线明配	裸导线明配
蒸汽管	平行 交叉	1000（500） 300	1000（500） 300	1500 1500
暖、热水管	平行 交叉	300（200） 100	300（200） 100	1500 1500
通风、上下水、压缩空气管	平行 交叉	100 50	200 100	1500 1500

表 4－9　室外绝缘导线至建筑物最小距离

敷设方法	允许最小距离/mm
水平敷设时的垂直距离： 距离阳台、平台、屋顶 距离下方窗户 距离上方窗户	 2500 300 800
垂直敷设时至阳台窗户的水平距离	750
导线至墙壁和构架的距离（挑檐除外）	50

表 4－10　室内、外绝缘导线至地面最小距离

敷设方法		最小允许距离/m
水平敷设	室内 室外	2.5 2.7
垂直敷设	室内 室外	1.8 2.7

表 4－11　裸导线间距和至建筑物表面最小允许距离

固定点间距/m	最小允许距离/mm
<2	50
2～4	100
4～6	150
>6	200

（三）室内导线采用其他敷设方式时的防火要求

1. 采用明敷的方式时，要防止绝缘导线受到机械损伤

如导线穿过墙壁或可燃建筑构件时，应穿过砌在墙内的绝缘管子，且每只管子只能

穿一根导线。特别是农村草房的入户线，如果不加绝缘管，则当电线绝缘磨损后极易引起火灾。从地面往上安装的绝缘导线，距地面两米高以内的一段导线应加钢管保护，以免绝缘受损造成事故。

2. 线管配线的防火要求

凡明敷于潮湿场所或埋在地下的线管均应采用水、煤气钢管，明敷或暗敷于干燥场所的线管采用一般的钢管即可。线管内导线绝缘强度不应低于交流500V。为避免涡流产生，用金属管保护的交流线路，当负荷电流大于25A时，应将同一回路的所有导线穿进同一根金属管内。

3. 槽板配线的防火要求

所谓的槽板配线就是把绝缘导线敷设在槽板线槽内，上面再用盖板把导线盖住。槽板有木质和塑料制两种，适用于办公室、生活间等干燥场所。槽板应敷设在明处，不得直接穿过楼板或墙壁，必要时，可改用瓷套管或钢管来保护。在安装槽板时要小心，不要将导线绝缘皮钉破，否则会造成漏电或短路事故。若为木质槽板，则应采用干燥坚硬的板，并在它上面涂漆防潮，以达到防止机械损伤和增强绝缘的目的。但在有尘埃或有燃烧、爆炸可能的危险场所，不得使用木质槽板。

（四）导线的连接和封端的技术要求

导线相互连接或导线与电气设备连接的接头处，是造成过大电阻而产生局部过热的主要部位，是火灾的引火源。

1. 连接的基本要求

（1）导线连接的接触处，应该保证接触得可靠与稳定，接触电阻应不大于同长度、同截面的电阻。

（2）连接的接头要牢固，其机械强度不得小于同截面导线的80%。

（3）接头应耐腐蚀。铝线连接采用焊接时，要防止焊药和熔渣的化学腐蚀；铝线与铜线连接时，要防止接触面松动、受潮、氧化，以及防止在铜铝之间产生电化腐蚀。

（4）接头处包缠的绝缘材料的绝缘强度应与原导线相同。

2. 铜（铝）芯导线的中间连接和分支连接的要求

（1）应该用熔焊、线夹、瓷接头或压接法等来连接。

（2）在实际施工中，2.5mm^2 以下的单芯导线多采用绞接方式连接；4mm^2 的单芯铜导线可采用缠绕法连接；多芯铜线多采用压接或缠绞法连接。铝芯线可用铝管进行压接。铜导线和铝导线连接时，可用铜铝过渡连接管。

（3）导线出线端子的装接要求：10mm^2 以下的单股铜芯线，2.5mm^2 以下的多股铜芯线和单股铝芯，在与电气设备的接线端子连接时，可直接连，但多股铜线宜先拧紧，搪锡后再连接。多股铝芯线和截面大于2.5mm^2 的多股铜芯线的终端，应在其端子焊接或压接后再与电气设备的接线端子连接。铜线接线端子，俗称铜接头、线鼻子，常用锡来焊接，焊接时涂上无酸焊接膏。

（4）恢复接头外绝缘的要求：绝缘导线中间和分支接头，绝缘应包缠得均匀、严密，不低于原有绝缘强度；接线端子端部与导线绝缘层的空隙处，应利用绝缘带把它包缠严密。

四、防火和阻燃措施

（一）电缆敷设的一般要求

1. 敷设路径短

电缆线路的路径要短，且要尽量避免与其他管线（如管道、铁路、公路和弱电电缆）交叉。敷设时要考虑已有的或拟建房屋的位置，使电缆远离易燃易爆物及其他热源，尽可能使电缆不要受到各种损坏，如机械损伤、化学腐蚀、地下流散电流腐蚀、水土锈蚀、蚁鼠害等。

2. 不同用途的电缆分开敷设

工作电缆与备用电缆、动力与控制电缆等宜分开敷设，并将其进行防火分隔。

3. 距离符合要求

电缆支持点之间的距离，电缆弯曲的半径，电缆最高最低点间的高差等不得超过规定数值，以防止受到机械损伤。

4. 明敷设去掉外皮

当电缆在电缆沟内、隧道内及明敷时，应将麻包外皮剥去，并采取防火措施。

5. 电缆的保护

交流回路中的单芯电缆应采用有无钢铠的或非磁性材料护套的电缆。单芯电缆要注意防止引起附近金属部件发热。

（二）电缆敷设的方式

电缆敷设常用的方式、特点及其选用要求如下：

1. 电缆隧道和电缆沟

电缆隧道是一种用来放置电缆的封闭而又狭长的构筑物，它的高度在 1.8m 以上，两侧设有数层敷设电缆的支架，可用来放置多层电缆，工作人员在隧道内能方便地进行电缆的敷设、更换和维修等工作。电缆隧道适用于有大量电缆配置的工程环境，其缺点是投资大、耗材多、易积水。

电缆沟是一条有盖板的沟道，沟宽与沟深不足 1m，敷设和维修电缆必须揭开水泥盖板，很不方便，并且容易积灰、积水，但施工简单、造价低，走向灵活且能容纳较多电缆。电缆沟分为屋内、屋外和厂区三种，它适用于电缆更换机会少的地方。电缆沟要避免在易积水或易积灰的场所使用。

电缆隧道（沟）在进入建筑物（如变配电所）处，或电缆隧道每隔 100m 处，应设带门的防火隔墙（电缆沟只需设隔墙），以防止电缆发生火灾时，烟火向室内蔓延扩大，同时亦可防止小动物进入室内。自然通风对电缆隧道来说是最好的，当电缆热损失超过 150 ~ 200W/m 时，需要考虑机械通风。

2. 电缆排管

当电缆敷设在排管中时，可免受机械损伤，并能有效地防火，但它施工复杂，检修和更换都不方便，散热条件差，需要降低电缆载流量才可以正常工作。关于电缆排管的孔眼直径，电力电缆应大于 100mm，控制电缆应大于 75mm，孔眼中电缆占积率为 65%。对于电缆排管材料的选择，高于地下水位 1m 以上的可用石棉水泥管或混凝土管；对潮湿地区，为防止电缆铅层受到化学腐蚀，可用 PVC 塑料管。

3. 壕沟（直埋）

当把电缆直接埋在地下时，经济、方便、可防火，但是易受机械损伤、化学腐蚀、电腐蚀等，导致这种方式可靠性差，且检修不便，因此多用于工业企业中电缆根数不多的地方。一般电缆被埋的深度不得小于 700mm，壕沟与建筑物基础的间距要大于 600mm。电缆引出地面时，为防止机械损伤，应用 2m 长的金属管或保护罩保护它；电缆不得平行敷设于管道的上方或下面；直埋电缆与各种管线、公路、铁路之间交叉接近的距离需符合电气设计手册要求。

4. 电缆竖井

竖井是电缆垂直敷设的通道。竖井多用砖和混凝土砌成的，在有大量电缆垂直通过处采用这种方式，如发电厂的主控室，高层建筑的楼层间等。竖井在地面设有防火门，通常做成封闭式，底部与隧道或沟相连；在每层楼板处设有防火分隔。高层建筑的竖井一般位于电梯井道两侧和楼梯走道附近。竖井还可做成钢结构固定式，竖井截面视电缆多少而定，大型竖井的截面为 $4\sim5m^2$，小的只有 $0.9m\times0.5m$ 不等。

高层建筑竖井会产生烟囱效应，容易使火势扩大，蔓延成灾。因此，在高层建筑的每层楼板处都应隔开；穿行管线或电缆孔洞必须用防火材料封堵。

5. 电缆桥架

电缆架空敷设在桥架上，其优点是无积水问题，避免了与地下管沟交叉相碰，成套产品整齐美观，节约空间；封闭桥架有利于防火、防爆、抗干扰。而它的缺点是耗材多，施工、检修和维护困难，受外界引火源（油、煤粉起火）影响的概率比较大。

6. 电缆穿管

电缆一般在出入建筑物，穿过楼板和墙壁，从电缆沟引出地面 2m、地下深 0.25m 内，以及与铁路、公路交叉时，均要穿过管子给予保护。保护管可选用水煤气管。腐蚀性场所可选用 PVC 塑料管。管径要大于电缆外径的 1.5 倍。保护管的弯曲半径不应小于所穿电缆的最小允许弯曲半径。

7. 电缆头的要求

电缆线路的端部接头，称为电缆终端头。将两根电缆连接起来的接头，称电缆中间接头。油浸绝缘电缆两端位差太大时，由于油压的作用，低端将会漏油，电缆铅包甚至会胀裂。为避免此类故障的发生，往往要将电缆油路分隔成几段，这种隔断油路的接头，称电缆中间堵油接头。终端头、中间接头和中间堵油接头统称为电缆头。

电缆的型号和使用环境决定了电缆头的型式，一般有户内型和户外型两种。

（三）电缆火灾原因

常见的电缆火灾原因有两个：一是由于本身故障引起；二是由于外界原因引起，即火源或火种来自外部。据统计，外因引起的电缆火灾较多，只有少数是电缆本身故障引起的。具体的原因，可归纳如下：

1. 电缆绝缘的损坏

如在运输、施工过程中受到机械损伤，过负荷运行、接触不良加速绝缘老化或绝缘达到使用寿命期，以及因短路等故障而使绝缘遭到破坏。

2. 电缆头故障使绝缘物自燃

如施工质量差、电缆头不清洁降低了线间绝缘强度。

3. 堆积在电缆上的粉尘自燃起火

如电缆过负荷时，其表面高温使堆积在上面的煤粉自燃起火。

4. 电焊火花引燃

这类事故与对电缆沟的管理不严格有关。当盖板不严密时，沟内混入了油泥、木板等易燃物品。在地面上进行电焊或气焊时，焊渣和火星落入沟内引起火灾。

5. 充油电气设备发生故障时喷油起火

如火焰经电缆孔洞、电缆夹层蔓延并造成火灾。

6. 电缆遇高温起火并蔓延

如发电厂汽轮机油管路系统，因漏油遇到高温起火，火焰沿电缆延燃。此外，锅炉防爆门爆破或锅炉焦块也可引燃电缆。

（四）电缆基本防火措施

电缆着火延燃的同时，往往伴生大量的有毒烟雾，这会使扑救困难，导致事故扩大，损失严重。防止电缆发生火灾的基本对策如下：

1. 远离热源及火源

使缆道尽可能地远离蒸汽及油管道，其最小允许距离如表 4－12 所示。可燃气体或可燃液体管沟内不应敷设电缆。若敷设在热力管沟中，应有隔热措施。在具有爆炸和火灾危险的场所不应架空明敷电缆。

表 4－12 电缆与各种管道的最小允许距离（m）

名称	电力电缆		控制电缆	
	平行	垂直	平行	垂直
蒸汽管道	1000	500	500	250
一般管道	500	300	500	250

2. 隔离易燃易爆物

容易受到外界着火影响的电缆区段，应采用防火槽盒或涂刷阻燃材料等措施来防止火灾蔓延。对处于充油电气设备（如高压电流、电压互感器）附近的电缆沟要将其密封好。

3. 封堵电缆孔洞

对通向控制室电缆夹层的孔洞、竖井的所有墙孔、楼板处电缆穿孔和控制柜、箱、表盘下部的电缆孔洞等，必须用耐火材料严密封堵。绝不能用木板等易燃物品承托或封堵，以防止电缆火灾向非火灾区蔓延。封堵孔洞常用防火堵料（有机或无机）、防火包和防火网三种材料。

4. 设置防火墙及阻火段

设置防火墙及阻火段的目的是将火灾控制在一定电缆区段，从而可以缩小火灾范围。在电缆隧道、沟及托架的下列部位应设置带门的防火墙：不同厂房或车间交界处、进入室内处，不同电压配电装置交界处，不同机组及主变压器的缆道连接处，隧道与主控、集控、网控室连接处等。长距离电缆隧道每隔100m处均应设置防火墙。

5. 防止电缆因故障自燃

电缆构筑物要避免积灰、积水。要确保电缆头的工艺质量，集中的电缆头要用耐火板隔开，并对电缆头附近电缆刷防火涂料。高温处应选用耐热电缆，应对消防用电缆作耐火处理。加强电缆隧道通风，控制隧道温度。明敷电缆不得带麻被层。

6. 设置自动报警及灭火装置

在电缆夹层、电缆隧道、电缆竖井的适当位置，可以设置自动报警及灭火装置来探测并控制火灾。

（五）电缆防火材料

采用防火材料组成各种防火阻燃措施是国内外防止电缆着火蔓延的主要方法。采用电缆防火材料可提高电缆绝缘材料的引燃温度，降低引燃敏感性，降低火焰沿电缆表面的燃烧速率和蔓延长度，提高阻止火焰传播的能力。

1. 膨胀型防火涂料

这种防火涂料的阻燃机理是涂覆于电缆表面的膨胀型防火涂层，在受到火星或火种作用时，很难被引燃；在受到高温或明火作用时，涂层中的部分物质因热分解，高速产生不燃气体（如CO_2和水蒸气），使涂层薄膜发泡，形成致密的碳化泡沫。该泡沫具有排除氧气和对电缆基材起到隔热作用，可以阻止热量传递，防止火焰直接烧到电缆，延迟了电缆的着火时间，在一定条件下甚至还可将火阻熄。

将防火涂料涂覆于电缆时，一般采用全涂、局部涂覆、局部长距离大面积涂覆三种形式。为保证火灾时消防电源及控制回路能够正常供电和控制操作，可全涂，如消防水泵、火灾应急照明线路、火灾报警及联动控制回路等。为增大隔火距离，防止窜燃，在阻火墙一侧或两侧，根据电缆的数量和型号的不同，可局部涂覆0.5～1.5m长的涂料。邻近易着火部位，可采用长距离大面积涂覆。对成束控制和热控电缆，可只涂电缆束的外层。

膨胀型防火涂料的涂覆厚度，可根据不同场所、不同环境、电缆的数量及其重要性适当增减，一般以1.0mm左右为宜，最少0.7mm，多则1.2mm。涂覆比为1～2kg/m^2。涂覆方式可由具体施工环境及条件而定，可人工刷涂或喷枪喷涂。

防火涂料不但对电缆能起到防火保护作用，亦可用于一些重要场所，如配电间，控制室，计算机房的门、墙、窗，公用建筑的平面等，以达到防火与装饰美化环境的双重效应。建筑平面上涂刷防火涂料厚度以0.5～1.0mm为宜，其耗重为0.75～1.0kg/m^2。

2. 电缆用难燃槽盒

难燃槽盒按盒体材料的不同可分为钢板型和FRP型两种。FRP型槽盒是用4mm厚的玻璃纤维增强塑料粘结而成的，具有质轻、强度高、安装方便、耐腐蚀、耐油、耐火、不燃、无毒等优点，适用于－20℃～70℃的环境温度及潮湿、含盐雾和化学气体的环境。钢板槽盒由2mm厚的钢板制成，因其质重、安装不便，在应用时会受到一定的限制。

FRP型封闭式槽盒的耐火性，可使槽内敷设的电缆免遭外部火灾的危害，以保证其正常运行；它能够阻止延燃，这就保证了电缆无论在槽盒内短路着火，还是裸露在槽盒外部的电缆着火延燃至槽盒端口时，均能使着火电缆因缺氧而自熄，从而能有效地阻止电缆在盒内的延燃。FRP 型封闭式槽盒是目前国内用得较多的一种电缆用防火敷设材料，其氧指数大于40，因此，可对发电厂、变电所、供电隧道、工业企业等电缆密集场所明敷在支架（或桥架）上的各种电压等级电缆回路施行防火保护、耐火分隔和防止电缆延燃着火。

根据工程的实际需要，电缆槽盒可做成箱形，由上盖和下底组成，下底侧边有凹形口，用来固定上盖，盒体外用镀锌钢带扎紧。箱形槽盒用的时候，与防火隔板配套使用。敷设电缆时，上下两层电缆用隔板隔开，以起到防火隔离的作用。

电缆槽盒按需要可以连续地铺设，也可在电缆30m 或50m 处设一段2m 长的槽盒作防火段，盒体两端用有机防火堵料封堵，即可起到防火、耐火作用。

3. 耐火隔板

耐火隔板是由难燃的玻璃纤维增强塑料制成，隔板两面涂覆防火涂料，具有耐火隔热的性能。隔板可在电缆层间作防火分隔，以缩小着火范围，减缓燃烧强度，防止火灾蔓延。

4. 防火堵料

防火堵料主要用来对建、构筑物的电缆穿孔洞进行封堵，从而抑制火势穿过孔洞向邻室蔓延。常用的防火堵料有可塑性有机防火堵料和速固无机防火堵料两种。

可塑性有机防火堵料，主要是由绝热性能好的无机物和阻火效果良好的有机制剂组成。堵料呈油灰状，具有长期柔软性，而且施工方便，可以重复使用。适用于电缆密集区域中的一些小孔洞的封堵和缝隙的填塞。

速固无机防火堵料，主要是由耐高温无机材料混合而成，呈粉末状，形似水泥。该堵料耐火性好、施工方便，且凝固迅速。使用时，只要加水搅拌成糊状，10min 左右即凝固干燥，类似水泥砂浆板，但较疏松，易敲落，适用于各种电缆孔洞的封堵。

5. 防火包

防火包形状类似枕头，内部填充的是无机物纤维、不燃和不溶于水的扩张成分，以及特殊耐热添加剂，外部由玻璃纤维编织物包装而成。其主要应用于电缆或管道穿越墙体或楼板贯穿孔洞的封堵，阻止电缆着火后向邻室蔓延。用防火包构成的封堵层，耐火极限可达3h 以上。防火包耐潮湿，在任何天气、气温、环境条件下都能够保持其特性不变，经久耐用。防火包的安装和拆除都很容易，使用方便，并可重复使用。

6. 防火网

防火网是以钢丝为基材，在它表面涂刷防火涂料而成。适用于既要求通风又要求防火的地方。其特点是可保证平时能充分通风，若把它安装在槽盒端口则可制成通风型槽盒，这有利于提高槽盒内敷设电缆的载流量。以防火网为基材可做防火门。

当防火网遇上明火时，网上的防火涂料即刻膨胀发泡，网孔被致密泡沫碳化层封闭，从而可阻止火焰的穿透和蔓延。防火网目前有两种规格可供选用：基材为 5mm × 10mm 菱形网孔，涂刷防火涂料后有效通风面积为整个网的 60%；基材为 4mm × 4mm 正方形网孔，涂刷防火涂料后有效通风面积为整个网的 40%。

项目三 导线、电缆的选择

一、导线的类型选择

导线电缆是用于传输电能、传递信息和实现电磁能量转换的电工产品，被广泛应用于工农业生产中。由导线电缆组成的供电网络，线路长，分支线多，并且有更多的机会与可燃物或建筑物相接触。

（一）导线材料的选择

导线按材料可分为铜芯线和铝芯线两大类。在爆炸和火灾危险环境、腐蚀性严重的地方、移动设备处和控制回路，宜选用铜芯线。在高层建筑中，由于负荷比较集中，为提高截面的载流能力，便于敷设，也多采用铜芯线。

此外，配电线路在以下情况（之一）时，应采用铜芯导线或电缆：

1. 特等建筑（具有重大纪念、历史、国际意义的各类建筑）。
2. 重要公共建筑和居住建筑。
3. 重要的资料室（包括档案室、书库等）、重要库房。
4. 影剧院等人员聚集较多的场所。
5. 连接于移动设备或敷设于剧烈震动的场所。
6. 特别潮湿场所或对于铝制材料有严重腐蚀的场所。
7. 易燃易爆场所。
8. 有特殊规定的其他场所。

（二）导线型号的选择

导线按有无绝缘和保护层分为裸导线和绝缘线。绝缘线是有绝缘包皮的导线，按照其绝缘材料分为两类：橡皮绝缘和聚氯乙烯绝缘。绝缘导线的型号表示意义如下：

B——第一位表示布线用；第二位表示外保护层为玻璃丝编织；第三位表示外形为扁平型。

X——表示橡皮绝缘。

V——表示聚氯乙烯绝缘。

VV——第一位表示聚氯乙烯绝缘；第二位表示聚氯乙烯护套。

F——表示丁腈聚氯乙烯复合物。

R——表示软线。

S——表示双绞线。

裸导线没有任何绝缘和保护层，主要用于室外架空线。

绝缘线是有绝缘包皮的导线，如果再加保护层，则具有防潮湿、耐腐等性能。绝缘线按绝缘和保护层的不同又分为多种型号。例如，常用的橡皮绝缘线（BX、BLX、BBX、BBLX）用玻璃丝或棉纱作保护层，柔软性好，但耐热性差，易受油类腐蚀，且易延燃。

塑料绝缘线（BV、BLV、BVV、BLVV）绝缘性能良好，价格低，可代替橡皮绝缘线，以节约棉纱；缺点是气候适应性差，低温下会变硬发脆，高温下增塑易挥发，加速绝缘老化。氯丁橡皮线（BLXF）耐油性能好，不延燃，具有取代普通橡皮绝缘线的趋势。另外，绝缘导线根据线芯硬软又分为硬线和软线。软线芯线均为多股铜芯。

（三）电缆型号的选择

电缆主要由缆芯、绝缘层和保护包皮三大部分组成，如图 4－1 所示。

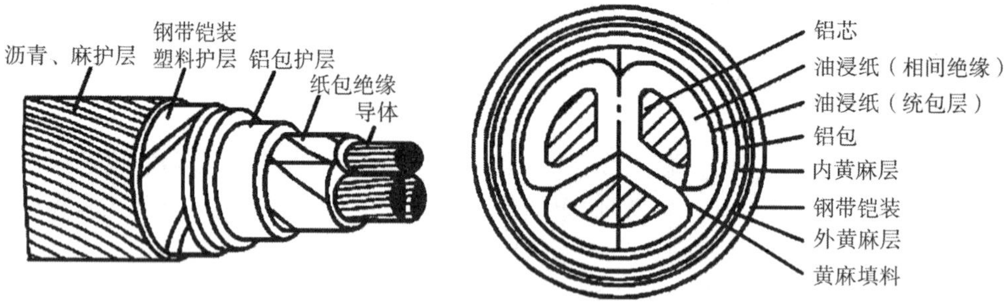

图 4－1　电缆的结构图

电缆按缆芯、绝缘层和保护包皮材料的不同可分为多种型号。聚氯乙烯绝缘及护套电力电缆，如 VLV（VV），交联聚乙烯绝缘聚氯乙烯护套电力电缆，如 YJLV（YJV），具有抗酸碱、抗腐蚀、质量轻、不延燃等优点，适用于高差大的场所，可以取代油浸纸绝缘电力电缆。电缆的结构代号表示含义如表 4－13 所示。

表 4－13　电缆的结构代号表示的含义

绝缘种类	导电线芯	内护层	派生结构	外护套	
代号含义	代号含义	代号含义	代号含义	第一数字	第二数字
Z：纸 V：聚氯乙烯 X：橡皮 XD：丁基橡胶 XE：乙丙橡胶 Y：聚乙烯 YJ：交联聚乙烯 E：乙丙胶	L：铝芯 T（可以省略）：铜芯	H：橡套 HP：非燃性护套 HF：氯丁胶 HD：耐寒橡胶 V：聚氯乙烯护套 VF：复合物 Y：聚乙烯护套 L：铝包 Q：铅包	D：不滴流 F：分相 CY：充油 G：高压 P：滴干绝缘 P：屏蔽 Z：直流 C4：滤尘用或重型	0：无 1：钢带 2：双钢带 3：细圆钢丝 4：粗圆钢丝	0：无 1：纤维线包 2：聚氯乙烯护套 3：聚乙烯护套 4：——

油浸纸绝缘电力电缆一般用 ZLQ（ZLL）来表示。油浸纸绝缘具有良好的耐热性和较低的介质损耗，也不易受电晕影响而氧化，且价格低廉，使用寿命长。它的缺点是绝缘易老化变脆，可弯曲性差，绝缘油易在绝缘层内流动，不宜倾斜和垂直安装。况且带负荷运行后，绝缘油会受热膨胀，从电缆头或中间接头外渗漏出，久而久之，会使电缆头绝缘性能降低，发生相间短路，酿成火灾事故。

铜芯铜套氧化镁绝缘电缆（简称矿物绝缘电缆），缆芯为铜芯，绝缘物为氧化镁，护套为无缝铜管。由于铜熔点为 1083℃，氧化镁熔点为 2300℃，故能经受 1000℃ 内火灾（火焰或辐射）热的作用，具有良好的防火性能。

同时，铜套和氧化镁均无老化、延燃性，又不产生烟雾和毒性气体，是目前我国投放市场中的一种性能较好的防火电缆。矿物绝缘电缆价格较贵，主要应用在具有爆炸和火灾危险的场所、高温车间和高层建筑物中（要求对消防用电设备供电线路采用耐火耐热配线的地方）。

二、截面积选择

电线和电缆选择的一般原则：

（一）导线允许温升

导线和电缆在通过正常最大工作电流（即计算电流）时，产生的发热温度，不应超过其正常运行时的最高允许温度。

（二）电压损失

导线和电缆在通过正常最大工作电流时产生的电压损失，不应超过其正常运行时允许的电压损失。

（三）机械强度

导线在施工过程中或在运行中要受拉力或张力的作用，因而需要有足够的机械强度，据此要求选择导线最小截面积。

（四）经济电流密度

导线的截面积越大、电阻越小，在传递相同电压等级的电能情况下，其电能损耗越小，但线路投资、维修费用和有色金属消耗量会增加很多。所以，要根据情况合理选择其截面积。

三、导线及电缆的选择计算

（一）导线截面积选择公式

导线电缆的允许载流量 Iux 可用下式求得，即

$$Iux \geqslant Ijs$$

式中，Iux——导线、电缆按发热条件允许长期工作电流，A。

Ijs——计算电流，A。

也就是说，安全载流量一定高于计算电流，才能满足该系统的用电量。

$$I_{js}=\frac{K_X\sum P}{\sqrt{3}U\cos\Phi}$$

式中，K_X——需要系数。

P——设备容量，对于长期工.作制的设备就是铭牌的额定功率。

U——设备所在线路的线电压。

$\cos\Phi$——负荷的平均功率因数。

例题 1：某钢筋加工厂，负荷总功率为 176kw，功率因数为 0.8，需要系数为 0.5，电源电压为 380v，用 BX 导线，导线的安全载流量见以下两表，试求出该负荷导线的截面积。

橡胶绝缘电线长期负载下的载流量

标称截面（mm^2）	铝芯载流量（A）	铜芯载流量（A）	标称截面（mm^2）	铝芯载流量（A）	铜芯载流量（A）
1	——	19	50	165	210
1.5	——	24	70	210	270
2.5	24	32	95	258	330
4	32	43	120	310	410
6	40	56	150	360	470
10	58	80	185	420	550
16	80	105	240	510	670
25	105	140	300	600	770
35	130	170	400	730	940

聚氯乙烯绝缘电线长期负载下的载流量

标称截面（mm^2）	铝芯载流量（A）	铜芯载流量（A）	标称截面（mm^2）	铝芯载流量（A）	铜芯载流量（A）
1	——	20	50	175	230
1.5	——	25	70	225	290
2.5	26	34	95	270	350
4	34	45	120	330	430
6	44	57	150	380	500
10	62	85	185	450	580
16	85	110	240	540	710
25	110	150	300	630	820
35	140	180	400	770	1000

解析：

1. 先判断 BX 的型号

B——布线、X——橡胶绝缘。

2. 负荷计算——计算电流

$$I_{js} = \frac{K_X \sum P}{\sqrt{3} U cos\Phi}$$

Ijs = 0.5 × 176/（$\sqrt{3}$ × 0.38 × 0.8） = 166（A）

由于 Iux ≥ Ijs

查表，取载流量为 170A 的橡胶绝缘导线，截面积为 35mm^2。

（二）允许电压损失选择

$$S=\frac{K_X\sum(PL)}{C\Delta U}$$

式中，K_X——需要系数。

P——设备容量，kW。

L——电源到负荷点的距离，m。

$\Delta U\%$——设备所在线路的允许电压损失百分比，公共电网为 ±5%；单位自用电源 6%；临时供电线路 8%。

C——计算系数。三相四线制铜的计算系数 C＝77，铝的计算系数 C＝46.3；单相供电系统中，铜 C＝12.8，铝 C＝7.75。

例题 2：教学楼采用 380/220V，三相五线制供电系统，供电线路长度为 300m，型号为 VV22 型，该教学楼用电总功率 Pe＝250kW，功率因数 0.95，需要系数 0.6，线路允许电压损失 △U%＝5%，请计算选择电缆的相线、N 线、PE 线的截面（计算系数 C 铜＝77，C 铝＝46.3）。

标称截面/mm^2	6	10	16	25	35	50	70	95	120	185	240
额定电流/A	37	50	65	85	110	135	162	196	223	284	335

解析：

1. 相线的选择

（1）按照安全载流量选择。

计算电流：

Ijs＝KxPe/$\sqrt{3}$Ucos∮　＝0.6×250/（1.732×0.38×0.95）＝240A

Iux≥Ijs　Iux 取 252A，查表，相线截面积选择 150mm^2。

（2）按照线路允许电压损失选择。

$$S=\frac{K_X\sum(PL)}{C\Delta U}$$

S＝0.6×250×300/77×5＝116.9（mm^2）

查表，相线截面积选 120mm^2。

两个结果如果不一样，取大值，故相线选择 150mm^2。

2. N 线（零线）、PE 线（地线）的选择

选择原则：

（1）相线截面积小于 16mm^2，N 线和 PE 线的截面积与相线的截面积相同。

（2）相线截面积大于等于 35mm^2，N 线和 PE 线的截面积按照相线的截面积的 $\frac{1}{2}$ 取；如果计算结果与本项表上数据不对应就升一级。

（3）相线截面积大于等于 16mm^2 且小于等于 25mm^2，N 线和 PE 线的截面积取 16mm^2。

因此，150/2 = 75（mm^2），因为表中数据没有 75mm^2，故升一级，N 线、PE 线截面积取 95mm^2。

（三）按机械强度选择

电缆在安装和运行中，可能会受到风、雨、雪、冰及温度等各种复杂恶劣环境因素的影响。为了保证安全运行，用于低压架空线路的铝绞线和钢芯铝绞线的截面积不应小于 16mm^2，铜线也应在 10mm^2（或直径≥3.2mm）以上。

用于 10kV 以下高压架空线路的铝绞线，在居民区内截面积不应小于 35mm^2，钢芯铝绞线截面积不应小于 25mm^2；在非居民区内，铝绞线截面积不应小于 25mm^2，钢芯铝绞线截面积不应小于 16mm^2；在居民区或非居民区内，铜绞线截面积均不小于 16mm^2。当线路跨越铁路时，高、低压架空线路导线截面积应不小于 35mm^2。

（四）按经济电流密度选择

导线经济截面与经济电流密度的关系为：

$$Sj = Ijs/\gamma j$$

式中，Sj——导线经济截面，mm^2；

Ijs——线路计算电流，A；

γj——线经济电流密度，A/mm^2。

导线经济电流密度由年最大负荷利用的小时数确定，我国目前规定采用的经济电流密度如表 4 – 14 所示。

表 4 – 14　导线经济电流密度值（A/mm^2）

线路类别	导线类型	年最大负荷利用小时数/h		
		≤3000	3000 ~ 5000	>5000
架空线路	裸铝、钢芯铝绞线	1.65	1.15	0.90
	裸铜导线	3.0	2.25	1.75
电缆线路	铝芯电缆	1.92	1.73	1.54
	铜芯电缆	2.50	2.25	2.0

实　训　导线、电缆的型号选择

实训题目：

用电线路导线及电缆型号的选择。

实训目的：

熟练掌握安全载流量、允许电压损失、机械强度、经济电流密度等确定方法。

设计内容：

案例：某工程采用 380/220V 三相五线制供电。总功率 180kW，总长度 300m。需要系数0.6，功率因数0.8，tan∮　=0.75。拟采用VV22型电力电缆。线路允许电压损失△U = 5%，试计算电缆相线及N线、PE线的截面积（计算系数C铜=77，C铝=46.3）。

截面积（mm^2）	4	6	10	16	25	35	50	70	95	120	150	185	240
电流（A）	45	55	73	93	122	148	184	227	270	308	346	383	448

章节小结

本模块重点介绍了配电线路的防火要求及基本防火措施，线路的敷设防火要求，进户线与接户线敷设的防火要求，室内外线路的敷设要求和电缆的敷设要求与选择原则。

电缆的敷设方式有电缆隧道、电缆沟、排管、壕沟（直埋）、竖井、桥架、吊架、夹层以及它们敷设的基本防火措施。

电缆引发火灾的原因及相应措施。

电缆防火材料：防火涂料、难燃槽盒、耐火隔板、防火堵料、防火包、防火网。

导线和电缆的材料有铜芯、铝芯。分类：裸导线、绝缘线（分为橡皮绝缘和聚氯乙烯绝缘）。导线和电缆型号的字母表示含义。电缆的组成：缆芯、绝缘层和保护包皮。

导线和电缆的选择原则：允许温升、电压损失、机械强度、经济电流密度。

导线和电缆的计算方法：安全载流量法、允许电压损失法、机械强度选择法、经济电流密度法。

章节练习

1. 描述下列电缆表示含义：

（1）ZQ21 -3×50 -10 -250；

（2）YJLV22 -3×120 -10 -300；

（3）VV22 -（3×25 +1×16）。

2. 导线的选择原则有几种？请简述具体的计算方法。

3. 电缆的敷设方式有哪几种？电缆火灾的原因有哪些？

4. 某办公楼采用380/220V三相五线制供电系统供电。设备列表如下：

序号	设备名称	台数	额定功率（kW）	暂载率（%）	备注
1	电梯	4	14	65	
2	生活给水泵	2	20	连续运行	一用一备
3	消防栓水泵	2	22	连续运行	一用一备
4	空调机组	1	150	连续运行	
5	公用通道照明灯组	40	0.06		

需要系数Kx =0.6，功率因数cos∮　=0.85（tan∮　=0.62）。试求：（1）该办公楼动力设备的总功率；（2）该楼动力系统的计算负荷。（附：$\sqrt{0.65}=0.8$）

模块五　变压器

学习目标

1. 能够将变压器准确分类，并根据使用场合选择适当的变压器。
2. 能够正确选择变压器的电容量或规格。
3. 掌握功率补偿的计算方法。
4. 掌握变压器安装的质量控制要点。

项目一　变压器的分类及型号

一、变压器简介

（一）变压器的概念

变压器是一种静止的电气设备。它是根据电磁感应的原理，将某一等级的交流电压和电流转换成同频率的另一等级电压和电流的设备。变压器在输电线路中占有非常重要的地位。在电力系统中，由于需要几次变压，变压器的总容量很大，如只算输电变压器，约为发电机总容量的3至5倍；如包括变电变压器，约为发电机总容量的5~7倍。大容量的变压器提供的电能涉及面很广，往往覆盖一个工业区域或者一个地区，因此危险性也比其他电气设备大。变压器的安全运行十分重要。

（二）电力变压器的基本结构

常见的油浸式变压器主要由铁芯、绕组线圈构成，如图5-1所示。

变压器的外部由油箱、绝缘套管、散热器、防爆管、油位计、呼吸器、调压开关组成；大型变压器由温度计、冷却设备（电风扇、潜油泵）、报警装置等组成。

1. 铁心

铁心的形式有两种：一种为内铁芯式，是线圈包着铁芯；另一种是外铁芯式，是铁芯包着线圈。油浸式变压器的铁芯是内铁芯式，这样做可以节省材料，减少损失。铁心是变压器的磁路部分，由厚度为0.35~0.5mm的硅钢片叠成，表面涂有绝缘漆，使硅钢片之间有良好的绝缘。

2. 绕组（线圈）

绕组是变压器的电路部分，常用绝缘铜线或铝线绕制而成。工作电压高的绕组称为高压绕组，工作电压低的绕组称为低压绕组。低压绕组放在里边，高压绕组放在外边，在铁芯、高压绕组和低压绕组之间都由绝缘纸板或套筒隔开。

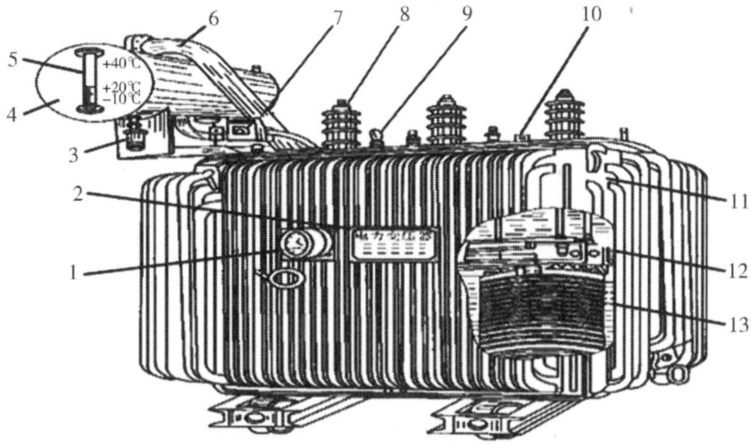

图 5-1　三相油浸式电力变压器

1—信号温度　2—铭牌　3—吸湿器　4—油枕（储油柜）　5—油位指示器　6—防爆管　7—瓦斯继电器（气体继电器）　8—高压套管和接线端子　9—低压套管和接线端子　10—分接开关　11—邮箱及散热油管　12—铁心　13—绕组及绝缘

3. 绝缘套管

绝缘套管是变压器绕组的引出装置。把绕组线圈的端头从油箱内引出，与配电设备相连接，将其装在变压器的油箱上，可实现带电的变压器绕组引出线与接地的油箱之间的绝缘。

4. 油箱和散热器

油箱是油浸式变压器的外壳，变压器的线圈就放在油箱里，油箱内充满变压器油，油箱需要具有一定强度，要求能承受 0.05MPa 的压力而不变形。当变压器器身质量超过 15t 时，一般将油箱做成钟罩式，即变压器的封闭法兰位于油箱底部。容量较小的油浸式变压器一般采用自然循环管式散热器；变压器容量较大时，只靠散热器自然循环散热不能满足要求，就需要采用冷却效果好的强迫空气冷却和强迫油循环冷却。现代巨形变压器采用冷却效率较高的水内冷。

5. 油枕

油枕是一种圆形铁桶，装在变压器顶盖上，用连通管与油箱接通，油枕上还有吸湿器和油面指示器。

油枕的作用：一是调节油量，使油箱内的油经常保持充满并有一定的涨缩余地；二是减少油和空气的接触面，防止氧化受潮。油枕的油面比油箱的油面要小得多，因为它不参加循环冷却，所以温度也比较低。

吸湿器也叫做呼吸器，内装氯化钙、硅胶或活性氧化铝等吸附材料，使空气进入油箱前先被去掉水分，并起到过滤作用。一些大型变压器已采用封闭式油枕，即油枕内充氮或在油枕的面上装设隔膜密封袋，使变压器油不和空气接触。

6. 防爆管

变压器产生严重故障时，变压器油剧烈分解，油箱内部产生巨大压力，甚至会使油箱爆裂，防爆管是用管口胶木或玻璃片作为泄压装置，在变压器内部发生严重故障、油箱里压力升高时，使绝缘油和气体冲破薄膜向外喷出，从而防止油箱、油枕变形和爆裂的保护设施。

7. 瓦斯继电器

瓦斯继电器被广泛应用于容量较大的变压器内部故障的保护。它安装在变压器油箱和油枕的连通管上。

二、电力变压器的分类

· 按功能分：升压和降压。

· 按绕组导体分：铜绕组、铝绕组。

· 按相数分：三相和单相。

· 按调节方式分：无载调压和有载调压。

· 按绕组绝缘类型分

· 按用途分：普通电力变压器、封闭电力变压器（如 ZGS11－H（Z）·R－200～1000/10 系列卷铁心组合式变压器）、全密封配电变压器（S11－M·R－30～1000/10 系列三相卷铁心全密封配电变压器）、干式变压器（如 SC（B）10 系列 10kV 级 30～2500kVA 配电变压器）。

1. 油浸式

广泛用作电力变压器，与干式相比，具有较好的绝缘和散热性能，价廉，不宜用于易燃、易爆场所。

2. 干式

干式变压器又可分为开启式、封闭式和浇筑式三种。其中，浇注式是用浇注的环氧树脂作为绝缘和散热介质，结构简单，体积小，重量轻，广泛用于安全防火要求高的场所和民用建筑。干式变压器的安全运行和它的使用寿命很大程度上取决于变压器绕组绝缘的安全可靠性。如图 5－2 所示。

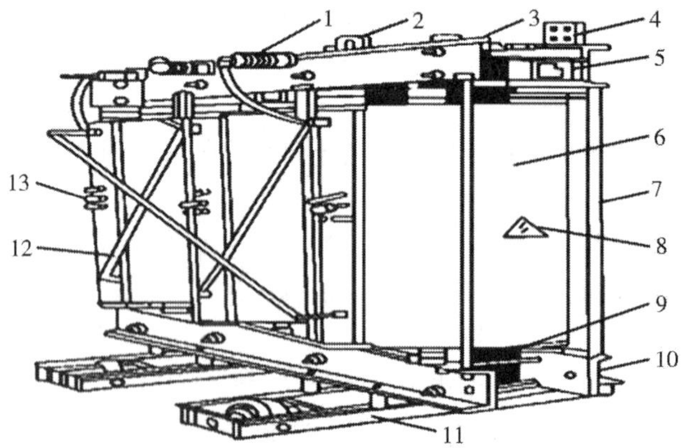

图 5－2　环氧树脂浇筑绝缘的三相干式电力变压器

1—高压出线套管　2—吊环　3—上夹件　4—低压出线端子　5—铭牌　6—环氧树脂浇筑绝缘绕组　7—上下夹拉杆　8—警示标牌　9—铁芯　10—下夹件　11—小车（底座）　12—高压绕组相间连接导杆　13—高压分接头连接片

3. 充气式

一般是指用于各种高压电力、电气设备检测和预防性试验的升压试验设备。随着工业化进程的加速，各行业对试验变压器电压等级与容量的要求越来越高，而传统油浸式试验变压器受其构造的制约，无论是在体积、重量还是在性能上，都越来越不能满足现代快速、高效的试验现场的工作需要。充气式变压器运用新型材料和工艺生产，其体积和重量高度优化。特别是新绝缘介质 SF6 气体（高效绝缘、灭弧和不可燃）的使用，使其安全性能大幅提升。现已广泛应用于电力系统、地铁、铁路、厂矿企业、发电厂、石油化工、邮电以及科研单位等，对各种高压电气设备、电器元件、绝缘材料和导电材料等进行交、直流高压绝缘强度耐压试验。

三、规格与型号

（一）电力变压器的结构

电力变压器都包含铁心和绕组两大部分，这是变压器的基本结构。

（二）变压器的规格

按电压来说，分 36 伏、110 伏、0.4 千伏、6 千伏、10 千伏、22 千伏、35 千伏、110 千伏、200 千伏、220 千伏、250 千伏、350 千伏、500 千伏、600 千伏。

（三）电力变压器的联结组别

6～10kV 变压器在其低压侧为三相四线制系统时，其联结组别有 Yyn0 和 Dyn11 两种。

Dyn11 较 Yyn0 的优缺点：更有利于抑制高次谐波；更有利于单相短路接地故障的切除；承受单相不平衡负荷能力强。缺点是造价高。

防雷变压器的联结组别。防雷变压器采用 Dyn11 联结组接线。由于此变压器二次侧同铁心柱上的两个绕组的电流方向正好相反，因此，其磁动势相互抵消，过电压不会感应到一次（高压）侧的线路上去。

项目二　变压器的选择

一、数量选择

（一）台数的选择

1. 根据负荷性质

有大量的一级或二级负荷，则宜选用两台变压器。若无一级负荷，也可采用一台，但在低压侧应与其他备用电源联络。

2. 考虑经济运行

季节负荷较大时，可装两台以上的变压器。需求量较小时，则可减少机组的台数。

3. 考虑负荷的发展

应根据负载的变化适当增加或减少变压器的台数，集中负荷较大时，宜设置两台变压器。

（二）专用变压器

一般情况下，动力和照明宜共用变压器。应注意下列情况：

· 当照明负荷较大或者动力和照明采用公用变压器严重影响照明质量及灯泡寿命时，可设置专用变压器。

· 单台单相负荷较大的时候，宜设置专用变压器。

· 冲击性负荷较大，严重影响电能质量时，可设置冲击负荷专用变压器。

· 在电源系统不接地或经阻抗接地，电气装置外漏导电体接地系统（IT 系统）的低压电网中，照明负荷应该设置专用变压器。

二、容量选择

（一）单台变压器的选择

对于只装一台的变电所，变压器容量应能满足全部用电设备总计算负荷 Sjs 的需要。

（二）两台变压器的选择

1. 任一台变压器单独运行时，应满足总计算负荷的 60% ~70% 的需要。

2. 任一台变压器单独运行时，应满足全部一、二级的需要。

3. 车间变电所主变压器的单台容量上限：

（1）一般不宜大于 1000kVA；

（2）建筑物内，干式变压器不宜超过 2000kVA。

（3）两层楼以上的干式变压器其容量不宜大于 630kVA。

（4）居民小区变电所的配电变压器单台容量不宜大于 630kVA。

（三）变压器的容量一般分为：

30kVA，50kVA，63kVA，80kVA，100kVA，125kVA，160kVA，200kVA，250kVA，315kVA，400kVA，500kVA，630kVA，800kVA，1000kVA，1250kVA，1600kVA，2000kVA。

变压器的实际容量一般为额定容量的 80% 左右。实际容量还要看实际工作环境，如散热条件、环境温度、功率因素、是否连续工作等。按照变压器配负荷时可参照变压器铭牌上的额定电流，负荷电流不得超过变压器额定电流。

三、形式的选择

变压器形式应按照工厂或用户需求与使用环境进行选择。根据不同范围选择的变压器型号见表 5 -1。

表 5 -1 变压器形式的选择

主变压器形式	适用范围	型号选择
油浸式	一般正常环境的变电所	S9 系列
干式	用于防火要求较高或者环境潮湿、多尘的场所	环氧树脂浇筑式，具有较好的难燃、防尘、防潮性能

续表

主变压器形式	适用范围	型号选择
密闭式	具有化学腐蚀性气体、蒸汽或者具有导电、可燃粉尘、纤维等会严重影响变压器安全运行的场所	防尘、防潮、防腐，并与可燃气体隔离
防雷式	用于多雷区及土壤电阻率较高的山区	具有较强的防雷功能，承受单相负荷能力较强

四、功率补偿

用电单位的自然总平均功率因数较低，单靠提高用电设备的自然功率因数达不到要求时，应装设必要的无功功率补偿设备，提高用电单位的功率因数。

民用及一般工业建筑的功率因数应达到下列规定：高压供电的用电单位，功率因数为0.9以上；低压供电的用电单位，功率因数为0.85以上。

具体做法：采用电力电容器作为无功补偿装置时，根据就地平衡原则，低压部分的无功负荷由低压电容器补偿，高压部分的无功负荷由高压电容器补偿。容量较大、负荷平衡且经常使用的电气设备无功功率宜单独就地补偿。无功负荷的电容器组宜在变电所内集中补偿，居住区的无功负荷宜在小区变电所低压侧集中补偿。

电容器补偿量 Qc。

$$Q_c = P_j(tan\varphi_1 - tan\varphi_2)$$

$$q_c = tan\varphi_1 - tan\varphi_2$$

式中，P_j——有功计算负荷，kW。

$tan\varphi_1$——补偿前计算负荷的功率因数的正切值。

$tan\varphi_2$——补偿后功率因数的正切值。

q_c——无功功率补偿率。

补偿后无功负荷和计算容量会发生变化，补偿后

$Q'_j = Q_j - Q_c$ Q'_j 为补偿后的无功计算负荷。

$S'_j = \sqrt{P_j + Q_j'^2}$ S'_j 为补偿后的总容量。

例题1：某用电馈线上的电气设备如下：需要系数0.7，试计算该馈线的设备容量、计算功率，并估算变压器的容量；如果将功率因数补偿到0.95，求补偿量，此时的计算容量为多少？

序号	设备名称	台数	额定功率（kW）	暂载率（%）	功率因数 cosφ	备注
1	塔式吊车	1	40	60	0.7	
2	电焊机	1	22（kVA）	65	0.45	
3	白炽灯		5		1	总功率
4	荧光灯		4		0.81	总功率

续表

序号	设备名称	台数	额定功率（kW）	暂载率（%）	功率因数 $\cos\varphi$	备注
5	高压汞灯		1		0.81	
6	上水泵	2	9		0.8	一用一备
7	小型电动机		10			短时工作制

解析：

1. 求单组设备的设备容量

塔式吊车的有功：$P_e = 2P_n\sqrt{JC} = 2\times40\times\sqrt{0.60} = 62$（kW）

无功：$Q_e = P_e\tan\varphi = 62\times1.02 = 63.2$（kVar）

电焊机的有功：$P_e = \sqrt{JC}S_n\cdot\cos\varphi = \sqrt{0.65}\times22\times0.45 = 8$（kW）

无功：$Q_e = P_e\tan\varphi = 8\times1.98 = 15.8$（kVar）

白炽灯的有功：$P_e = P_n = 5$（kW）

无功：$Q_e = P_e\tan\varphi = 0$（kVar）

荧光灯的有功：$P_e = 1.2P_n = 1.2\times4 = 4.8$（kW）

无功：$Q_e = P_e\tan\varphi = 4.8\times0.7 = 3.4$（kVar）

高压汞灯的有功：$P_e = 1.1P_n = 1.1\times1 = 1.1$（kW）

无功：$Q_e = P_e\tan\varphi = 1.1\times0.7 = 0.8$（kVar）

上水泵的有功：$P_e = P_n = 9.0$（kW）

无功：$Q_e = P_e\tan\varphi\ 9\times0.75 = 6.7$（kVar）

小型电动机的有功：0（kW）

无功：0（kVar）

2. 求馈线实务计算负荷

$P_j = K_x\sum P_e = 0.7\times(62+8+5+4.8+1.1+9+0) = 63$（kW）

$Q_j = K_x\sum Q_e = 0.7\times(63.2+15.8+0+3.4+0.8+6.7+0) = 63$（kVar）

$S_j = \sqrt{P_j^2+Q_j^2} = \sqrt{63^2+63^2} = 89$（kVA）容量100kVA

$\cos\varphi = P_j/S_j = 63/89 = 0.71$

3. 根据Se≥Sj原则变压器选择

4. 计算补偿容量

补偿前功率因数为0.71，补偿后要求达到0.95，补偿量为

$$Q_c = P_j(\tan\varphi_1 - \tan\varphi_2) = 63\times(1.0-0.328) = 42.3\ (\text{kVar})$$

5. 求补偿后的计算容量

补偿前后的有功计算负荷量不变，无功量为

$$Q'_j = Q_j - Q_c = 63-42.3 = 20.7\ (\text{kVar})$$

总容量是 $S'_j = \sqrt{P_j^2+Q_j^2} = \sqrt{63^2+20.7^2} = 66$（kVA）

项目三　变压器的安装与验收

一、安装要求

（一）施工图纸审核

审核内容如下：

施工图是否有供电部门的审批资料，设计单位的法人资质证明，施工图是否盖有施工图章字样，并注明设计日期和允许使用的签发日期。只有以上均符合才允许在现场使用。

根据变压器设备安装施工图，了解设计者意图，变压器室内布置的位置尺寸，设备基础配置设备大样图具体做法，进出线是上进上出还是下进下出、是否还有其他要求，对吊装口尺寸的要求，对变压器运输路线有无障碍物、是否能被清除、用何等机械搬运都应该做到心中有数。

（二）变压器设备及材料准备

·规格型号、容量设计是否符合要求，准备相关技术文件及出厂合格证。

·根据设计者的要求，采用基础型钢，并加工成所需要的几何形状。

·根据设计要求选用硬母线，插接母线电缆。

·除地脚螺栓、防震螺栓外，均应采用镀锌螺栓，并配相应的平垫圈或弹簧垫圈。

·电焊条、防锈漆及调和漆应符合设计要求，并有产品合格证。

·变压器设备应有铭牌，铭牌上标注制造厂名称、额定容量，一、二次额定电压、电流，阻抗电压及联结组标号等技术数据。

（三）机具准备

起重设备、电焊设备、钻孔工具、万用表、钢卷尺、水平尺等。

（四）作业条件

·变压器室内、墙面、屋顶喷浆完毕，屋顶防水无渗漏，门窗及玻璃安装完好。

·地面工程结束。设备基础按工艺配置图施工完毕。

·预埋件、预留洞、进出线尺寸位置符合设计规定。

·保护性网门、栏杆等安全设施齐全，通风、消防设施安装完毕。

·受电后无法进行再装饰的工程以及影响运行安全的项目施工完毕。

·与电力变压器安装相关的建筑物、构筑物工程质量应符合现行施工及验收规范。当设备及设计有特殊要求时，应符合其他要求。

二、安装程序

（一）开箱检查

·变压器开箱检查人员由业主、监理、施工、供货单位代表组成，共同开箱检查，并做好开箱检验记录。

·检查施工图纸、设备技术资料文件、设备及附件清单；检查变压器及附件的规格型号、数量是否符合设计要求，部件是否齐全，有无损失。

· 集装箱备装设备清单，按设备清单清点变压器的安装图纸、使用说明书、产品出厂实验报告、出场合格证以及相关技术资料。同时设备上设置铭牌，并登记造册。

· 被检验的变压器及设备附件均应符合国家现行有关规定。

· 环氧树脂干式变压器及设备附件应无机械损伤、裂痕、变形等缺陷，油漆完好无损。

· 干式变压器有无小车，轮距与轨道设计距离是否相等。

· 干式变压器高压、低压绝缘瓷件有无损伤、裂纹。

（二）型钢基础检查

· 型钢基础构架几何尺寸应符合设计要求，如对型钢构架高出地面无要求，施工时可将其顶部高出地面 100mm。

· 基础型钢构架两端，用截面积不小于 40mm ×4mm 的扁钢焊接，焊接长度为扁钢的 2 倍，焊接三个棱边，焊完后去除氧化皮，焊缝均匀牢固，焊接处做防腐处理后再刷两遍灰色油漆。

（三）变压器稳装

1. 变压器的运输

变压器从出厂到安装要经过两次运输，一次运输是从制造厂到施工现场设备库；二次运输是从施工现场设备库到安装地点。

变压器运输时需要吊装，吊装时锁具必须检查合格，运输路径应平整良好。应根据自身重量及吊装高度决定采用何种工具进行装卸。

2. 变压器的稳装

变压器的安装根据现场实际情况，如变压器在首层可直接吊装进室内；如在地下室，可采用预留吊装孔将变压器通过预留吊装孔运至室内就位。

按设计要求的方位和距墙尺寸，允许误差 ±25mm；横向距墙不小于 800mm，距门不小于 1000mm，开关操作方向留有 1200mm 净距。

装有滚轮的变压器，滚轮应转动灵活，变压器就位后，将滚轮用能拆卸的制动装置固定，或者拆下来后保存好。

（四）变压器附件安装

1. 电压切换装置安装

变压器电压切换装置各分接点与线圈接线正确、牢固可靠，变压器接触面接触紧密良好，切换电压时，转动触点停留位置正确，并与指示位置一致。

有载调压切换装置转动到极限位置时，应装有机械连锁和带有限位开关的电气联锁。有载调压切换装置的控制箱，一般安装在值班室或者操纵台上，连线正确无误，并应调整好，手动、自动工作正常，档位指示正确。

2. 变压器连线

（1）变压器的一次、二次接线及地线和控制管线均应符合国家现行施工验收规范。

（2）变压器的一次、二次引线连接和不应使变压器的套管直接承受应力。

（3）中性线在中性点处与保护接地线接在一起，并分别敷设中性线，宜用绝缘导线，保护地线采用黄/绿相间的双色绝缘导线。

（4）中性点的接地回路中，靠近变压器处宜做一个可拆卸的连接点。

（五）送电调试运行

1. 送电前检查

变压器试运行前应做全面检查，一次、二次引线相位、相色正确，接地线等压接触截面应符合国家现行规范。

变压器清理干净，顶盖上无遗留杂物，本体及附件无缺陷。通风设施安装完毕，工作正常。变压器的分接头位置处于正常电压档位。保护装置整定值符合规定要求，操作及联动试验正常。

2. 空载调试运行

全电压冲击合闸，高压侧投入，低压侧全部断开，受电持续时间不小于10min，经检查无异常。

变压器受电无异常，连续3～5次全电压冲击合闸，励磁涌流不应引起保护装置误动作，最后一次空载运行24h。

变压器空载运行检测方法：听声音辨别空载运行情况，正常时发出嗡嗡声；异常时有以下几种情况：声音大而均匀，可能是外加电压过高；声音大而且嘈杂时，可能是芯部有松动；有滋滋放电声时，可能套管有表面闪络，应该严加注意，并查出真正原因并及时处理，或者更换变压器。

做冲击试验时应注意观测冲击电流、空载电流、一次二次测电压、变压器温度等，并做好详细记录。

3. 半负荷运行

经过空载冲击试验运行24～28h，其时间长短视实际需要而定，确认无异常后即可进入半负荷运行试验。

三、变压器试验

变压器的相关试验如下面所列：

· 测量绕组连同套管的直流电阻。

· 检查所有分接头的变压比。

· 检查变压器的三相接线组别和单项变压器引出线的极性。

· 测量绕组连同套管的绝缘电阻、吸收或极化指数。

· 测量绕组连同套管的介质损耗正切值 tanδ。

· 测量绕组连同套管的直流泄漏电流。

· 绕组连同套管的交流耐压试验。

· 绕组连同套管的局部放电试验。

· 测量与铁心绝缘的各紧固件及铁心接地线引出套管对外壳的绝缘电阻。

· 非纯瓷套管的试验。

· 绝缘油试验。

· 有载调压切换装置的检查和试验。
· 额定电压下的冲击合闸试验。
· 检查相位。
· 测量噪声。

章节小结

本模块重点介绍了变压器的结构与分类、规格与型号及如何选择变压器的等级，变压器的功率补偿及安装要求。

变压器结构：常见的油浸式变压器主要由铁芯、绕组线圈构成，外部由油箱、绝缘套管、散热器、防爆管、油位计、呼吸器、调压开关组成；大型变压器由温度计、冷却设备（电风扇、潜油泵）、报警装置等组成。

变压器的分类：

1. 电力变压器类别按功能分：升压、降压。
2. 按绕组导体分：铜绕组、铝绕组。
3. 按设计节能序列分：S_j、S_7、S_9、S_{11}、S_{13}、S_{15}。
4. 按相数分：三相和单相。
5. 按调节方式分：无载调压和有载调压。
6. 按绝缘类型分：油浸式、干式、充气式。

等级式规格：36 伏、110 伏、0.4 千伏、6 千伏、10 千伏、22 千伏、35 千伏、110 千伏、200 千伏、220 千伏、250 千伏、350 千伏、500 千伏、600 千伏。

变压器的选择因素：台数、容量、形式、场所。

功率补偿：高压供电的用电单位，功率因数为 0.9 以上；低压供电的用电单位，功率因数为 0.85 以上。

安装：图纸审核、材料齐全、机具准备、作业条件。

安装程序：开箱检查──→型钢基础检查──→稳装──→附件安装──→送电调试运行。

章节练习

1. 变压器如何分类？
2. 变压器的安装程序有哪些？安装之前需要做哪些准备？
3. 功率补偿的意义是什么？

模块六　接地系统

学习目标

1. 了解接地装置的组成及接地体的分类。
2. 掌握接地类型及相关要求。
3. 能够简述低压供电系统的几种接地形式，并能分辨它们之间的差别。
4. 掌握带电灭火的原理及方法。

项目一　基本概念

接地和接零是电气安全技术中最重要的措施之一，是关系设备和人身安全的关键。在日常生活和生产中，为了保障人身安全和一些设备的正常工作及电力系统的安全运行，根据不同的情况，所选取的接地和接零的作用也是不一样的，因此，接零和接地有多种形式：对于高压电气设备，必须采取保护接地、重复接地和保护接零的安全措施；对于由于静电感应有火花放电现象产生的设备，应采取防雷接地和防静电接地措施。因此，正确地选择接地和接零的方式及掌握其安装方法对供电所电气工作者而言是非常重要的工作任务。

一、接地体的概念及分类

（一）接地体的概念

所谓接地装置，是指人为设置的接地体与接地线的总称。如图 6－1 所示。

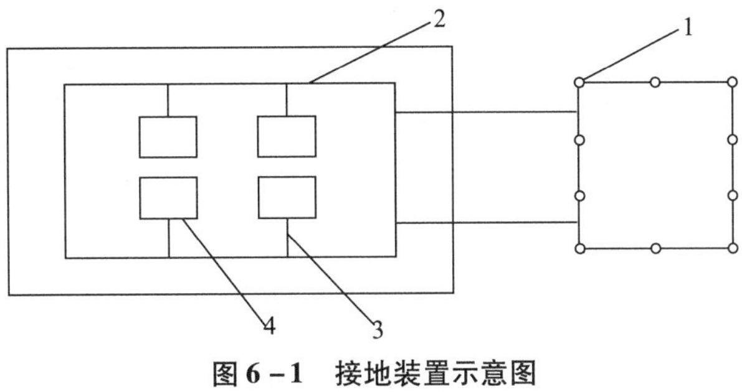

图 6－1　接地装置示意图

1—接地体　2—接地干线　3—接地直线　4—电气设备

通过一个具有很小或几乎为零电阻（阻抗）的导线或其他导体与地连接，称为接地。埋入地中并且与大地直接相接触的金属体或金属体组，称为接地体或接地极。它按设置结构可分为人工接地体与自然接地体两类，按具体形状可分为管型与带行等多种。连接电气设备与接地极之间的金属导线，称为接地线。它同样有自然接地线与人工接地线之分，且通常又可分为接地干线和接地支线。

（二）接地体分类

1. 自然接地体

自然接地体：具有兼作接地功能的但不是为此目的而专门设置的与大地有良好接触的各种金属构件、金属井管、钢筋混凝土中的钢筋、埋地金属管道和设施等的统称。

在一定区域内，土壤电阻率为固定值。自然接地体埋在地下，纵横交错。除易燃液体、易燃气体或易爆管道外，大多数电气设备都与它相连接，如一些金属工艺管道、金属水管和电缆外皮等。使用自然接地体的优点是经济、安全，且可等化电位。但是，有些管道由于使用了法兰垫圈而起到绝缘作用，故必须用跨接导线将法兰或管接头跨接起来。

自然接地体包括：

（1）埋设在地下的金属管道、井管，但不包括可燃和有爆炸物质的管道。

（2）建（构）筑物的钢筋混凝土基础、行车的钢轨等。

（3）水工构筑物极其类似构筑物。

2. 基础接地体

利用建（构）筑物基础的金属结构作为接地体就称为基础接地体。近十多年来国内外利用钢筋混凝土基础作为自然接地体已经有了比较成功的经验。地面以下的混凝土由于毛细管作用，经常保持潮湿状态，与当地中等的低电阻系数土壤一样，是良好的导电体。由于接地体是包在混凝土中的，可使金属结构免受腐蚀损坏。

基础支墩中的钢筋一般有四组或更多的垂直构件，用水平的隔圈方环等距离固定，垂直构件与基础支墩底座内的大型水平构件相连。利用基座中的钢筋作为接地体，据国外有关资料报道，工频接地电阻可达1Ω。这在工程实践中是能满足要求的，不必计算。利用垂直构件作接地线，还有很好的分流效果，经试验流过钢筋柱的最大冲击电流为总电流的2.36%。

要注意的是，当利用钢筋混凝土构件和基础内钢筋作为接地装置时，构件或基础内钢筋的接点应绑扎或焊接各构件或基础之间必须连接成电气通路，进出钢筋混凝土构件的导体与其内部的钢筋体的第一个连接点必须焊接。也必须明白，建筑中的上下水管、采暖通风管、电线管和电缆外皮，都难免和建筑物的钢筋碰接。因此，建筑物的防雷系统、保护接地系统和工作接地系统也就难以分开，而是连接在一起的。

所以，高层建筑的接地系统应满足如下要求：

（1）凡是进入高层建筑的电源线，宜采用两端外皮接地的电缆，最好将电缆直埋。

（2）沿建筑物纵向布置的电线或电缆，宜敷设在有屏蔽的竖井中。竖井可用3～4mm的铁板或钢筋混凝土板制作。竖井钢筋接头应紧密连接，确保竖井纵向电阻最小，这是决定竖井屏蔽效果好坏的关键。

（3）同层敷设的电线宜穿管，且将两端接地。电缆外皮两端也应接地。

（4）建筑物内的电力设备、电器用具和照明灯具等，宜采用接零保护。

（5）伸缩缝处的断开钢筋宜用软导线连接起来，以提高分流均压效果。

其好处是：提高保护接地的可靠性，防止工频零序电流流经钢筋回到电流中性点时，对晶体管装置的接地线产生电磁干扰。

3. 人工接地体

在接地电阻达不到要求或没有自然接地体时，应增敷人工接地体进行补救。埋入地中专门用作接地的金属导体称为人工接地体，它包括铜包钢、铜包扁钢、电解离子接地极、接地模块、“高导模块”。人工接地体又可分为钢材制品和铜板制品。

二、接地体的安装

（一）接地体安装要求

接地体安装位置应避开有腐蚀性杂质的土壤。

接地体顶面建设深度不应小于 0.6m（农田地带不应小于 1m），并应在冰冻层（亚洲大约 100mm）以下。

垂直接地体长度可取 2～2.5m。相邻垂直接地体之间的距离可取其长度的 2 倍左右。

接地体的引出导体应引出地面 0.3m 以上。接地体离建筑物墙基之间的地下距离不得小于 1.5m。

（二）接地线的连接

接地线的连接尽量采用搭接焊接，搭接长度必须为扁钢宽度的 2 倍或圆钢直径的 6 倍。

接地线与接地体之间用焊接连接。

接地线与电气设备之间的连接用焊接或螺栓连接，螺栓连接时应设防松垫片。

接地线与管道等延长接地体之间的连接用焊接，管道上的表记和阀门应敷设跨接线。

三、接地的类型及要求

（一）接地类型

1. 功能性接地

（1）交流中性点接地：将电气设备中性点或 TN 系统中性线接地。

（2）工作接地：由于电气系统运行的需要，在电源中性点与接地装置间作电气连接。这主要是从防静电或安全的角度考虑的。

（3）逻辑接地：将电子设备的金属底板作为逻辑信号的参考点进行的接地。用于提供整个信号电路的参考零电位。

（4）屏蔽接地：使屏蔽电缆层或金属外皮接地达到电磁适应性的要求。这主要是防止外界的干扰，如噪声、电磁波等。

2. 保护性接地

（1）外壳保护接地：将电气设备外壳接地或接到 PE、PEN 线上接地。

（2）建筑物接地：将建筑物内的金属框架与地相连接。

（3）防雷接地：为引导雷电流而设置的接地。

（4）静电接地：使静电电流流入大地的接地。

（5）重复接地：在 PE、PEN 线上一点或多点接向大地。

项目二　低压配电系统的接地形式

一、低压配电系统的概念

在不同的应用环境中，电源中性点接地的方式也有所不同，据此可分为中性点不直接接地系统和中性点直接接地系统两类。中性点接地的目的是降低电气设备的绝缘水平，抑制因故障接地而引起的过电压。

在一般要求的380/220V低压配电系统，如工业与民用建筑中，就多用中性点直接接地系统，其目的是防止用电设备因绝缘损坏而使人们有触电的危险。

（一）低压配电系统的分类

按照国际电工委员会（IEC）的规定，低压配电系统常见的接地形式实际有三种，即TT系统、IT系统和TN系统。

（二）字母表示含义

1. 第一个字母表示配电系统的对地关系

T——电源端有一点直接接地。

I——电源端所有带电部分与地绝缘，或有一点经阻抗接地。

2. 第二个字母表示电气装置的外露导电部分与地的关系

T——外露导电部分对地直接做电气连接，与配电系统的任何接地点无关。

N——外露导电部分与配电系统的接地点直接做电气连接（在交流配电系统中，接地点通常就是中性点）。

C，Combine合并，N线PE线合并。

S，Separate分开，N线PE线分开。

二、接地形式

（一）TT系统

电源端有一点直接接地，电气装置的外露可导电部分直接接地，此接地点在电气上独立于电源端的接地点。如图6－2所示。

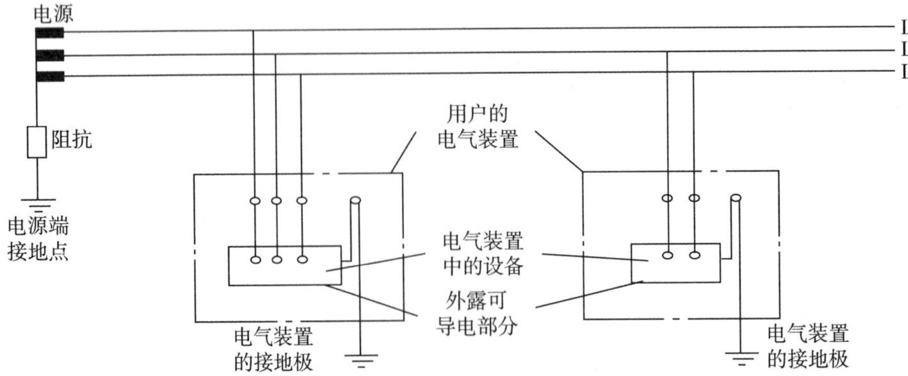

图6－2　TT系统

（二）IT 系统

电源端的带电部分不接地或有一点经阻抗接地，电气装置外露，可导电部分直接接地。如图 6－3 所示。

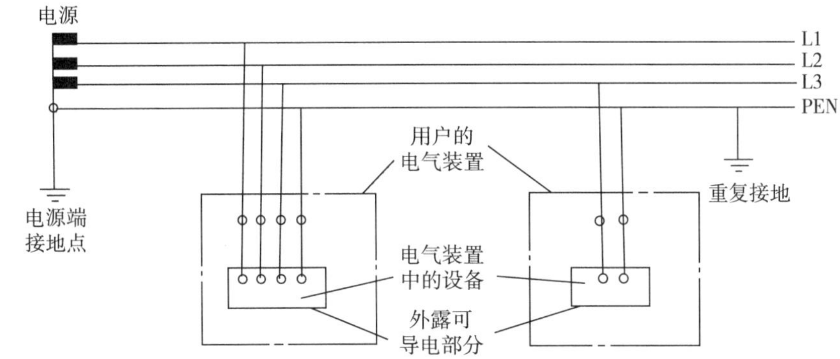

图 6－3　IT 系统

（三）TN 系统

1. TN—C 系统

整个系统的中性导体和保护导体是合一的（N 线、PE 线合一）。如图 6－4 所示。

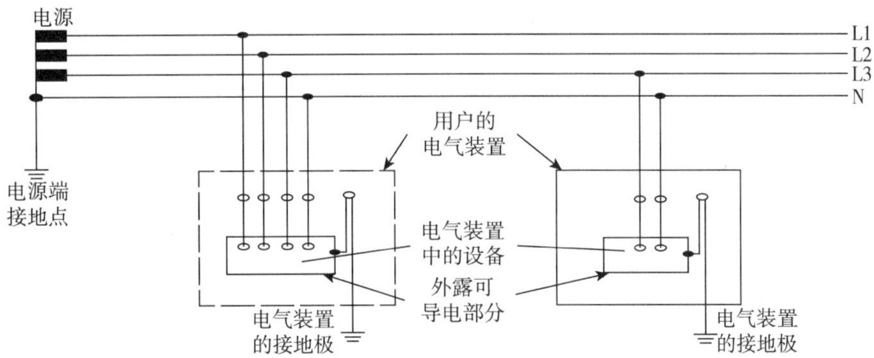

图 6－4　TN—C 系统

2. TN—S 系统

整个系统的中性导体和保护导体是分开的。施工现场内用电采用 TN－S 系统。如图 6－5 所示。

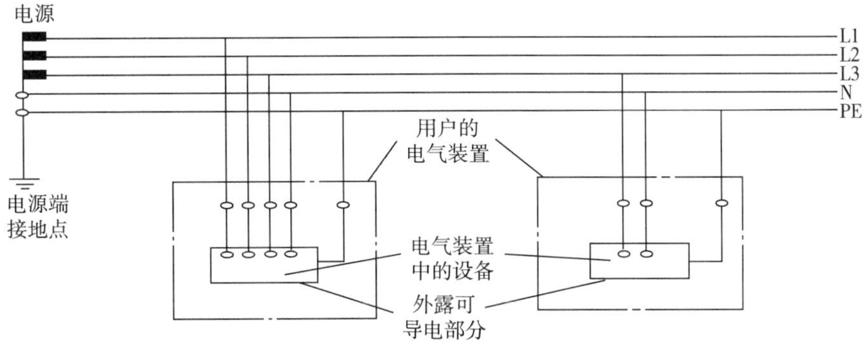

图 6－5　TN—S 系统

3. TN—C—S 系统

TN－C－S 系统在进入建筑物电源箱前保护线与中性线是合一的，从配电箱出来后 N 线和 PE 线分开，不再连接。如图 6－6 所示。

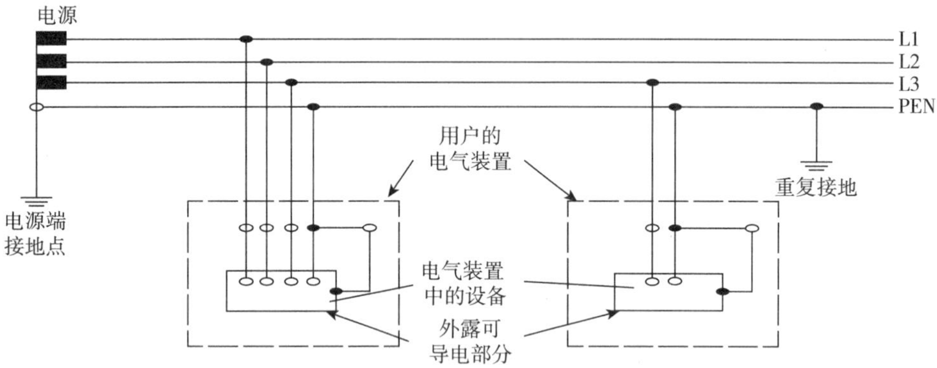

图 6－6　TN—C—S 系统

项目三　接地系统的安全防护措施

一、接地故障

接地故障与一般短路相比，发生火灾时具有更大的危险性和复杂性。一般短路起火主要是短路电流作用在线路上的高温引起火灾，而接地故障则有以下三个原因引起火灾：

（一）由接地故障电流引起火灾

接地故障电流通路内有设备外壳和接地回路的多个连接端子等，TT 系统还以大地为通路。大地的接地电阻大，PE（PEN）线连接端子的电阻值也较大，主要还有电弧的高阻抗限制了故障电流，所以接地故障电流比一般短路电流小，常不能使过电流保护装置及时切断故障，且故障点多不熔焊而出现电弧和电火花。0.5A 电流的电弧和电火花的局部高温即可烤燃可燃物质起火。

（二）由 PE（PEN）线端子连接不紧密引起火灾

设备接地的 PE 线平时不通过负荷电流，只在发生接地故障时才通过故障电流。如果因受震动和腐蚀等原因，导致连接松动和接触电阻增大等，平时是不易察觉的。一旦发生接地故障，故障电流需通过 PE 线返回电源时，PE 线的大接触电阻限制了故障电流，使保护装置不能及时动作，连接端子因接触电阻大而产生的高温或电弧、电火花会导致火灾的发生。

（三）由故障电压引起火灾

TN 系统中电气设备金属外壳通过 PE（PEN）线连接在同一个接地极上。当未装漏电保护装置的电气设备发生接地故障时，出现危险的对地电压，通过 PE（PEN）线传导至其他装有漏电保护装置的电气设备上，但因为线路内未出现剩余电流，所以保护装置不能动作。但这四处传导的故障电压是危险的起火源，通过对地的电火花和电弧导致火灾。另外 TN－C 系统和 TN－C－S 系统中 PEN 线完好时，负荷侧中性点电位接近电源中性点电位和地电位。如果 PEN 线折断，负荷侧各相电压将按照各相负荷的阻抗分配。如果三相负载严重不平衡或电动机缺相运行时，负荷侧中性点电位将发生漂移，与 PEN 线相连接的电气设备内的外露导电部分的对地电压会随之升高。当达到一定的危险值时，可能引起电气火灾或电击伤人。

二、接地要求

（一）接地要求和电阻

小接地短路电流系统中，高压与低压电力装置共用的接地装置和仅用于高压电力装置的接地电阻不超过 10Ω。

低压电力网中，电源和中性点接地电阻不超过 4Ω。由单台容量不超过 100kVA 或利用同一接地装置并联运行且总容量不超过 100kVA 的变压器或发电机供电的低压电网中，电力装置的接地电阻不超过 10Ω。

架空线和电缆线路在低压 TN 系统中，架空线路干线和分支线的终端，其 PEN 线或 PE 线应重复接地。电缆线路和架空线路在每个建筑物的进线处均须重复接地。低压线路每处重复接地装置的接地电阻不应大于 10Ω。

（二）接地体

不同的场所和不同情况，选择接地体的种类和安装方式各有不同。接地体的选用，如种类、材料、规格、尺寸等，参照表 6－1。

表 6－1　接地体的选择

种类	材料	材料规格	备注
垂直接地体 水平接地体 接地线	角钢 钢管 圆钢 扁钢 圆钢 等于水平埋设接地体的截面	角钢厚度≥4mm 圆钢直径≥10mm 钢管壁厚≥3.5mm 扁钢截面≥（25×4）mm^2 常用：角钢（50×50×50）mm^2 圆钢 Φ10 钢管 SC50 扁钢（40×4）mm^2 或（50×5）mm^2	1. 接地体长度为 2.5m 2. 接地体间距一般为 5m 3. 埋设深度不小于 0.6m 4. 如采用外引接地体，长度不大于 40～60m 5. 为防止跨步电压触电，防雷装置接地距离建筑物出入口或人行道距离不小于 3m，接地极数量不少于 2 根

（三）接地线的要求

电气设备的接地体尽量选用金属构件，混凝土构件内的钢筋，穿线的钢管和电缆的铅、铝外皮。

钢接地体的截面积不小于 160mm^2。

铜或铝接地线的截面积不小于表 6－2 中的规格。

表 6－2　铜和铝接地线的截面积（mm^2）

接地线种类	铜	铝
明设裸导线	4	6
绝缘导线	1.5	2.5
有公共保护外皮的多芯导线的接地线	2	1.5

（四）等电位措施

等电位接地网一般采用直径 10mm 的圆钢或 10mm×4mm 的扁钢焊接而成，网孔不小于 4m。布置应尽量均匀，使接地网范围内的电位尽量相近，出现故障时，同时触及两点不致造成电击。

三、降低接地电阻的措施

为了降低接地电阻，使之满足防雷保护设计的要求，可以采取以下几种方法实施：

（一）更换土壤

在接地体周围，用电阻率较低的土壤，如黏土和黑土等，替代原先此处电阻率较高的土壤。这种更换土壤的施工一般在接地体上部三分之一处及其周围 1m 范围内进行。

（二）延长水平接地体

增加其与土壤的接触面积，可以降低接地电阻。但考虑到接地体分布参数效应的影响，增加接地体长度应限制在其有效范围之内，而不能超出有效范围。否则，超出这一有效范围后，接地体的长度再增加，不仅达不到减小接地电阻的目的，反而会增加工程费用。如图 6－7 所示。

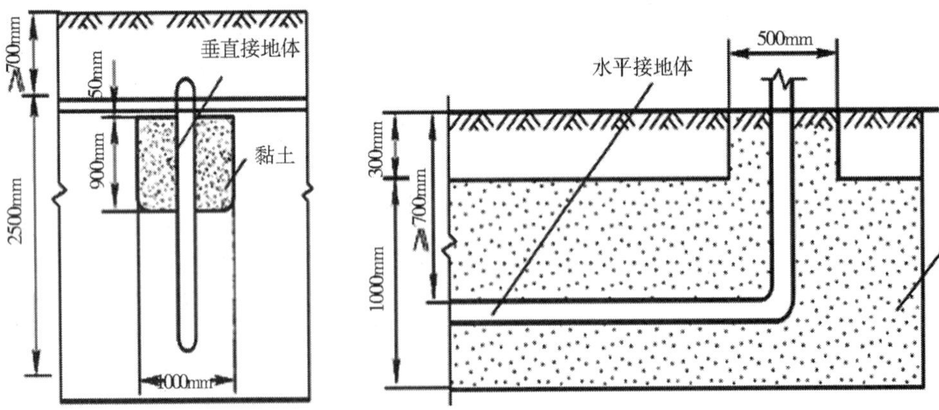

图 6－7　延长接地体的长度

（三）深埋法

在不能用增大接地网水平尺寸的方法来降低流散电阻的情况下，如果周围土壤电阻率不均匀，可在土壤电阻率较低的地方深埋接地体以减小接地电阻。深埋接地体具有流散电阻稳定、受地面施工影响小、地面跨步电动势低、便于土壤化学处理等优点。

（四）对土壤进行化学处理

对于临时使用的接地体，当接地体所在地点的土壤电阻率高于 50kΩ·m 时，可对接地体周围的土壤进行化学处理，在接地体周围的土壤中掺入炉渣、煤粉、氮肥渣、电石渣、石灰、木炭或食盐等，将这类化学物与土壤混合后填入坑内夯实，如图 6－8 所示。由于这种方法所使用的化学物大多具有腐蚀性且易于流失，因此，在永久性的工程中不宜使用，只能作为不得已情况下的临时措施。

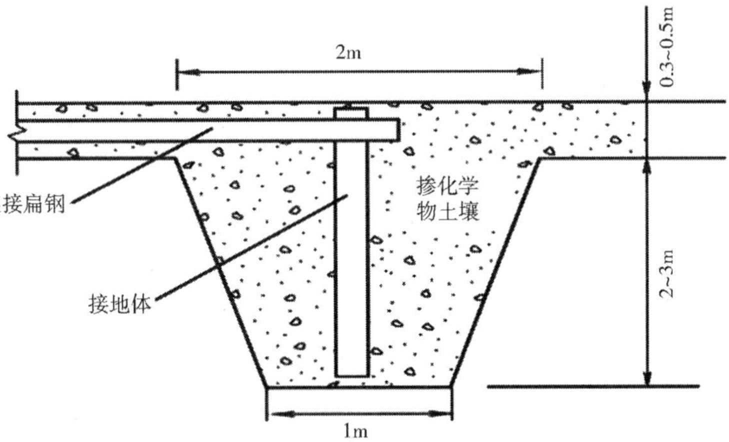

图 6－8

（五）长效降阻剂

长效降阻剂是一种比较新的方法，它由几种物质配制而成，具有较为可靠和稳定的降阻性能。降阻剂采用非电解质的碳素粉末作导电材料，其导电性不受酸、碱、盐，高、低温，干、湿度所限，因碳素导电物不溶于水，与金属也不会发生化学反应，浆液与土壤是有限渗混，凝固后不因地下水位下降、天气干旱、雨水季节而流失，克服了化学降阻剂和液体降阻剂普遍存在的电阻率随其含水率减少而增大及降阻剂受地下水浸蚀易流失的缺点。因此，长效降阻剂性能更稳定、更长效。

（六）增加接地极根数

当原来每组接地极为一根且不能满足接地电阻要求时，可用增加每组接地极的根数来解决，但每组根数不宜超过 5 根，每根接地极的顶端用接地线与接地极焊接。

项目四　带电灭火的正确方法

电气设备着火以后，直接用水灭火会造成人员触电，这里介绍的带电灭火是指采用不导电的灭火剂或水，在电气设备着火的情况下，或火场临近存在带电设备的环境中进行扑救火灾的工作。电气火灾着火后电气装置可能仍带电，且因电气绝缘损坏或带电线路断落发生接地短路，在一定范围内存在着危险的接触电压和跨步电压。在灭火剂和烟熏火烤的作用下，原来不导电的物质也可能导电，使扑救人员受到接触电压或跨步电压而触电。为了阻止带电延燃和火灾扩大，应该优先切断电源，而后进行一般性火灾扑救。

有时因为情况紧急，为了争取灭火时机，防止火灾蔓延扩大，减少财产损失，必须在带电的情况下进行扑救；有时因为生产需要，或遇其他原因无法切断电源，也需要带电灭火。

当采取了带电灭火的各种安全措施后，对电气设备或其他带电设备的火灾扑救方法和扑救断电后的电气设备的方法相同。

带电灭火可以使用各种灭火器，也可使用水灭火。

一、几种带电灭火方法

（一）用灭火器带电灭火

对于初期电气火灾和一些带电设备的小面积燃烧，如发电机、发动机的线圈和电气线路的初级燃烧，到场扑救时应优先考虑用灭火器灭火。因为灭火器使用方便，机动灵活，安全系数大。带电灭火时常用二氧化碳、1211 和干粉灭火器，因为这些灭火剂都是不导电的。也就是说，用灭火器带电灭火时，不用采取什么安全措施，但需要注意灭火器和消防员与带电体的距离。

在用灭火器灭火时，灭火器的本体、喷嘴及人体各部分与高压带电体的距离如表 6－3所示。对于低压带电体，还要防止与带电体接触。

表 6－3　带电作业时接地体对带电体的最小距离

电压（kV）	10	35	60	110	220
距离（m）	0.4	0.6	0.7	1	1.8

（二）用水带电灭火

水是一种常用而又廉价的灭火剂，它冷却效果好、灭火效率高。但是用水进行带电灭火时，在许多情况下，有 定的漏泄电流通过水柱入地，而且在有些条件下，漏泄电流还比较大，这对扑救人员是不安全的。为了保证扑救人员的安全，就要基本上保证没有漏泄电流通过人体入地或漏泄电流不超过 1mA，使人感觉不到有电，可以采取“导”和“堵”的办法。

“导”指的是，在水枪喷嘴上安装接地线或穿戴均压服，漏泄电流可以顺利地通过接地线而不通过人体入地，因此可保证扑救人员的安全。“堵”指的是，加强人体绝缘强度。扑救人员穿戴绝缘手套和绝缘胶鞋就可以堵住漏泄电流，使漏泄电流不能通过人体入地。另一种方法就是设法提高水柱电阻值，使通过水柱的漏泄电流基本上接近于零。为此，可以增加水枪喷嘴至带电体之间的距离或采取增加水柱长度的方法。

带电灭火时的简易安全措施：

1. 在金属水枪的喷嘴上安装接地线

接地线可用截面为 2.5～6mm^2、长 20～30m 的软铜线；接地棒可用 1m 左右的铁管或铁棍。进行扑救时，水枪手可将接地线的一端与接地棒连接，将另一端固定接在水枪喷嘴上（但不能使用塑料水枪和塑料喷嘴）。接地棒应打入地下。如果与其他接地装置，如避雷器引下线、自来水管道、暖气管道、电线杆拉线等连接，则必须接触良好，连接好接地线后，根据电压高低选好距离，然后出水施救。

在不适合使用接地棒的地方，可以用粗铜线编成 0.6m×0.6m 左右的网络作为接地板。补救人员在接地板上站好后才能出水施救。水枪手在转移水枪阵地时，应先停止射水，之后才能离开网络接地板。

2. 穿戴绝缘手套、绝缘靴

如果只穿戴绝缘手套和绝缘靴而不采用金属水枪喷嘴上安装接地线的方法，在用水带电灭火时，应尽可能地扩大水枪喷嘴至带电体之间的距离，而且要采取措施防止因水滴流进手套和胶靴而使绝缘强度降低。

（三）用不导电的灭火剂灭火

1. 二氧化碳灭火剂

二氧化碳灭火剂具有降温和隔绝空气的作用，是一种最常用的灭火剂之一。二氧化碳灭火剂已经被人类使用了一百多年仍然没被抛弃。因为其价格低廉、容易制备，并且二氧化碳灭火器也很容易使用。二氧化碳是一种高密度的气体，密度约为空气的 1.5 倍，液态的二氧化碳很容易汽化，一般 1kg 的液态二氧化碳可产生约 0.5 米^3 的气体。

灭火时，液化的二氧化碳气体可以包围在燃烧物的周围以隔绝空气，使物体周围的氧气浓度降低，从而使火焰熄灭。另外，二氧化碳喷出时，会由液体迅速汽化成气体，这一过程又是吸热的，从而起到冷却的作用。但使用时应注意：二氧化碳是窒息性气体，使用时人应站在上风侧。同时手应握住灭火器手柄，防止干冰接触人体造成冻伤。

2. 干粉灭火剂

干粉灭火剂是由灭火基料和适量润滑剂、少量防潮剂（如硅胶）混合后共同研磨制成的细小颗粒，不导电。灭火剂和燃烧物接触时受热而产生溴离子，它跟燃烧物产生的氢自由基化合，使燃烧的链反应迅速中止，把火扑灭。适用于扑灭可燃气体、液体、油类等忌水物质（如电石）及除旋转电机以外的其他电气设备的初起火灾。它的灭火效率高于二氧化碳 4 倍多。干粉灭火器有人工投掷和压缩气体喷射两种。

3. 四氯化碳灭火剂

当四氯化碳落到火区时迅速吸热汽化。由于蒸气密度约为空气的 5.5 倍，四氯化碳就密集地在火源四处包围着正在燃烧的物质，起到了隔绝空气的作用。受热到 250℃ 以上时，能与水蒸气等物质作用产生剧毒气体，使用时应戴防毒面具；如与赤热的金属（尤其是铁）相遇时则生成的光气更多，与电石、乙炔气相遇也会发生化学变化，放出光气。适用于扑灭大面积可燃液体、油类和电气设备火灾，但不能用于扑灭大电力、乙炔气体和部分金属的火灾。因为四氯化碳与这些物质作用时，能产生剧毒气体危及人身安全。

4. 二氟一氯一溴甲烷（1211）灭火剂

1211 灭火剂液态为筒装，有手提式和固定喷嘴装置两种。1211 灭火剂是一种低沸点的液化气体，具有灭火效率高、毒性低、腐蚀性小、久储不变质、灭火后不留痕迹、不污染被保护物、绝缘性能好等优点。1211 灭火剂主要适用于扑救可燃液体、气体及带电设备的火灾；扑救贵重的物资、珍贵文物、图书档案等火灾；扑救飞机、车辆、油库等场所固体物质的表面初起火灾。

其灭火作用和干粉灭火剂相似，都在于阻止燃烧连锁反应并有一定的冷却和窒息效果。

现在，1211 灭火器还常与火灾探测器和报警装置组成固定灭火系统，对部分火灾进行自动灭火。

二、技术措施

在掌握上述知识的情况下，具体实施带电灭火时，还应采用下列技术措施。

（一）安全距离

扑救人员及所使用的消防器材与带电部分应保持足够的距离。如表 6－4 所示。

表 6－4　消防器材与带电体的最小距离

电压（kV）	10	35	66	110	151	220	330
距离（cm）	40	60	70	100	140	180	240

（二）绝缘保护

高压电气设备或线路发生接地时，在室内，扑救人员不得进入距故障点 4m 以内；在室外，扑救人员不得接近距故障点 8m 以内。进入上述范围时，必须穿绝缘鞋，接触设备外壳和构架时，应戴绝缘手套。

（三）灭火角度

扑救架空线路火灾时，人体与带电体导线之间的仰角不应大于 45 度，并应站在线路外侧，以防导线断落后触及人体。如图 6－9 所示。

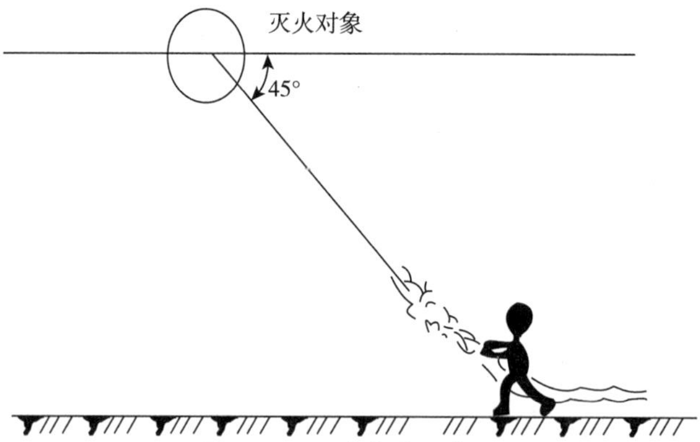

图 6－9　灭火角度示意图

（四）灭火人员穿戴要求

使用水枪时，扑救人员应穿绝缘鞋、戴绝缘手套并应将水枪金属喷嘴接地，接地线可采用截面为 2.5～6mm^2、长为 20～30m 的编织软铜导线，接地极采用暂时打入地下的长 1m 左右的角钢、钢管或铁棒。接地线和接地极之间应连接可靠，有条件时带电灭火应穿均压服。

此外，当充油电气设备油箱破裂喷油时，应将油设法放进贮油坑，要防止燃油流入电缆沟使火势扩大。

实　训　接地电阻的测试

实训题目：

接地电阻的测试。

实训目的：

掌握接地电阻的测量方法。

设计内容：

接地电阻的数值等于接地装置对地电压与通过接地体流入地中电流的比值，因此，用万用表或直流电桥测量接地电阻都是错误的，对不同的对象应用不同的方法测量接地电阻，并且测量电源应是交流电源。

接地电阻可用电流表—电压表法或接地电阻测量仪法测量，本书仅介绍接地电阻测量仪法。如图 6－10 所示。

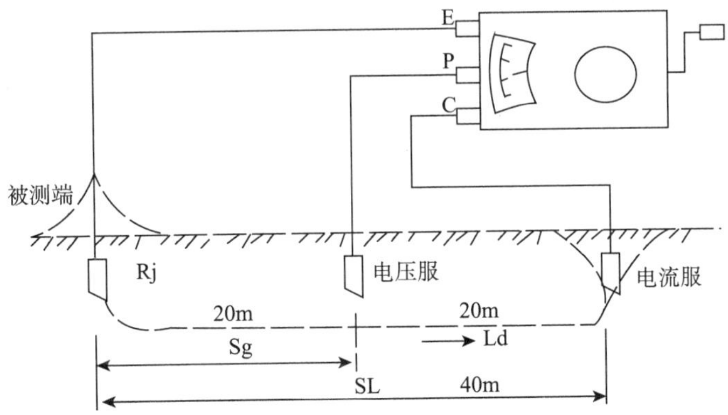

图 6－10

接地电阻测量仪本身能产生交变的接地电流，不需外加电源，电流极和电压极也是配套的，使用简单、携带方便，而且抗干扰性能较好，因此应用十分广泛。这种测量仪的本体由手摇发电机（或电子交流电源）和电位差计等组成，其主要附件是 3 条测量电线和两支辅助测量电极。测量仪有 E、P、C 三个接线端子或 C2、P2、P1、C1 四个接线端子。测量时，离被测接地体一定的距离向地下打入电流极和电压极。

测量接线，如图 6－11 所示，E 端或 C2、P2 端并接后接于被测接地体，P 端或 P1 端接于电压极，C 端或 C1 端接于电流极。选好倍频，以大约 120r/min 的转速转动摇把时，即可产生 110～115Hz 的交流电流沿被测接地体和电流极构成回路；同时调节电位器旋钮，使仪表指针保持在中心位置即可直接由电位器旋钮的位置（刻度盘读数）结合所选倍频读出被测接地电阻值。

测量过程中，当电位计取得平衡，即检流器指针指向零位时，B 点与 P 点或 P1 点

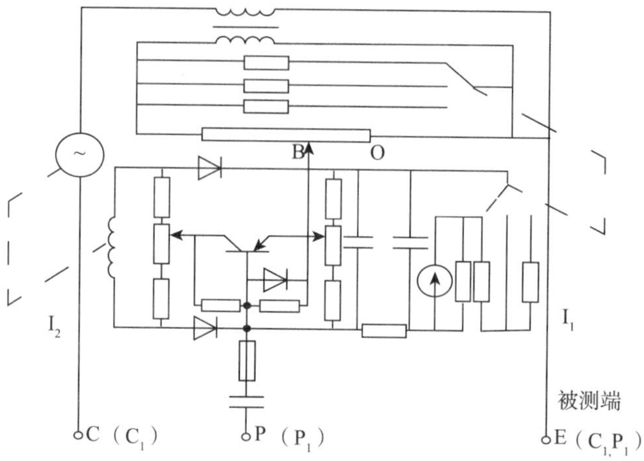

图 6－11

间电位相等，即 $U_E-P=U_E-B$。由此得到 $I_1R_E=I_2R_c-B$。如电流互感器的变流比为 $K_1=I_1/I_2$，则 $R_E=(Rc-B)/K_1$。因为 K1 为仪器给定的某一固定值，所以，可直接由 R_c-B 按比例给出 R_E。

如被测接地电阻很小且接线很长，接线电阻可能带来较大的误差时，应将仪器上的 C2、P2 端子拆开，分别接向被测接地体。不论用哪种方法测量接地电阻，均应将被测接地体与其他接地体分开，以保证测量的正确性。测量接地电阻应尽可能把测量回路同电网分开，以有利于测量的安全，也有利于消除杂散电流引起的误差，还能防止将测量电压反馈到与被测接地体连接的其他导体上而引起的事故。

章节小结

本模块重点介绍了接地体的概念和分类、接地体的安装、接地类型及要求、低压配电系统的接地形式、接地系统的安全防护措施、带电灭火的方法。

接地体分为自然接地体和人工接地体。

接地体的安装要求及连接要求。

接地类型主要有功能性接地与保护性接地两大类。

低压配电系统的基本形式：TT 系统、IT 系统、TN 系统，字母表示的含义。

接地故障有三种：接地故障电流引起的、PE 线端子链接不紧密引起的、故障电压引起的。

降低电阻的方法：更换土壤、延长水平接地体、深埋法、对土壤进行化学处理、长效降阻剂、增加接地极根数。

带电灭火的方法有用灭火器、水、不导电的灭火剂灭火。

章节练习

1. 什么是接地装置？接地体是如何进行分类的？
2. 低压供电系统的接地形式有几种？分别是什么？
3. 降低接地电阻的措施有哪些？

模块七　防雷系统

学习目标

1. 能够简述防雷系统的组成。
2. 能够举例说明建筑物的防雷分类。
3. 掌握建筑物的防雷措施。

项目一　雷电的种类及危害

一、雷电的形成

（一）起因

雷电是雷云之间或雷云对地面放电的一种自然现象。在雷雨季节里，地面上的水分受热变成水蒸气，并随热空气上升，在空气中与冷空气相遇，使上升气流中的水蒸气凝成水滴或冰晶，形成积云。云中的水滴受强烈气流的摩擦产生电荷，而且微小的水滴带负电，小水滴容易被气流带走形成带负电的云；较大的水滴留下来形成带正电的云。这种带电的云层称之为雷云。

（二）条件

雷云是产生雷电的基本因素，而雷云的形成必须具有下列三个条件：

· 空气中有足够的水蒸气；

· 有能够使潮湿的空气上升并凝结为水珠的气象或地形条件；

· 具有使气流强烈持久的上升的条件。

二、雷电的种类

雷电可分为直击雷、感应雷、雷电波侵入和球雷四种。

（一）直击雷

雷云与大地之间通过建筑物、电气设备或树木等放电称为直击雷，强大的雷电流通过被击物时产生大量的热量，而在短时间内又不易散发出来。所以，凡雷电流流过的物体，金属被融化，树木被烧焦，建筑物被炸裂。尤其是雷电流流过易燃易爆体时，会引起火灾或爆炸，造成建筑物倒塌、设备毁坏及人身伤害等重大事故。直击雷的破坏最为严重。

（二）感应雷（雷电感应）

雷电感应是由于雷电流强大的电场和磁场变化产生的静电感应和电磁感应造成的。

它能造成金属部件之间产生火花放电，引起建筑物内的危险爆炸物品爆炸或易燃物品燃烧。

1. 静电感应

当雷云出现在导体的上空时，由于感应作用，使导体上感应产生而带有与雷云相反的电荷，雷云放电时，在导体上感应的电荷得不到释放，会使导体与地之间形成很高的电位差，这些现象叫作静电感应。

2. 电磁感应

由于雷电流幅值和陡度的迅速变化，在它周围的空间里会产生强大变化的磁场。处于这一电磁场中的导体会感应产生强大的电动势，这种情况称为电磁感应。

（三）雷电波侵入

由于雷电对架空线路或金属导体的作用，所产生的雷电波就可能沿着这些导体侵入屋内，危及人身安全或损坏设备。据调查统计，供电系统中由于雷电波侵入而造成的事故在整个雷害事故中占50%～70%，因此，对雷电波侵入的防护应给予足够的重视。

（四）球雷

关于球雷的研究，现在还没有完整的理论。一般认为它是一个炽热的等离子体，温度极高并发出紫色或红色的发光球体，直径在10～20cm以上。球雷通常沿地面滚动或在空中飘行，它能经烟囱、门、窗和其他缝隙进入建筑物内部，或无声消失，或发生剧烈爆炸，造成人身伤亡或使建筑物遭受严重破坏，有时甚至会引起爆炸或火灾事故。

三、雷电的危害

雷电的危害主要表现在雷电放电时所出现的各种物理效应和作用。

（一）电效应

数十万伏至数百万伏的冲击电压可击毁电气设备的绝缘，烧断电线或劈裂电杆，造成大规模停电；绝缘设备损坏还可能引起短路，导致火灾或爆炸事故，巨大的雷电流流经防雷装置时会造成防雷装置电位升高，这样的高电位同样可以作用在电气线路、电气设备或其他金属管道上，它们之间会产生放电。雷电流的电磁效应在它的周围空间里会产生强大的磁场，处于这一电磁场中间的导体会感应出很高的电动势。这种强大的电动势可以使闭合的金属导体产生很大的感应电流引起发热及其他破坏。当雷电流入地时，在地面上可引起跨步电压，造成人身伤亡事故。

（二）热效应

巨大的雷电流通过导体，在极短的时间内转换成大量的热能。雷击点的发热量约为500～2000J，造成易爆物品燃烧或金属熔化、飞溅而引起火灾或爆炸事故。

（三）机械效应

当被击物遭受巨大的雷电流通过时，由于雷电流的温度很高，一般在6000℃～20000℃，甚至高达数万度，被击物缝隙中的气体会剧烈膨胀，缝隙中的水分也急剧蒸发为大量气体，因而在被击物体内部会出现强大的机械压力，致使被击物体遭受严重破坏或发生爆炸。

（四）雷电对人的危害

雷击电流迅速通过人体，可立即使呼吸中枢麻痹、心室纤颤或心跳骤停，以致脑组织及一些主要器官受到严重损害，出现休克或忽然死亡，雷击时产生的电火花还可使人遭到不同程度的烧伤。

项目二　建筑物防雷分类

建筑物的重要性、使用性质、发生雷击事故的可能性及后果不同，防雷要求也不同，由此可将建筑物分为三类。

一、第一类防雷建筑物

第一类防雷建筑物是指具有爆炸危险的建筑物，且爆炸后会导致巨大的破坏和人身伤亡。具体规定如下：

· 凡制造、使用或贮存炸药、火药、起爆药等大量爆炸物质的建筑物，因电火花而引起爆炸，会造成很大的破坏及人身伤亡。

· 具有 0 区或 10 区爆炸危险环境的建筑物，见表 7－1。

· 具有 1 区爆炸危险环境的建筑物因电火花而引起爆炸，会造成巨大的破坏和人身伤亡。

表 7－1　爆炸和火灾危险区域类别及区域等级

按爆炸性混合物出现的频繁程度和持续时间划分		
爆炸性气体环境危险区域	0 区	连续出现或长期出现爆炸性气体混合物的环境
	1 区	在正常运行时，可能出现爆炸性气体混合物的环境
	2 区	在正常运行时，不可能出现爆炸性气体混合物的环境，即使出现也仅是短时存在的爆炸性气体混合物的环境
爆炸性粉尘环境危险区域	10 区	连续出现或长期出现爆炸性粉尘的环境
	11 区	有时会将积下的粉尘扬起而偶然出现爆炸性粉尘混合物的环境
按火灾事故发生的可能性和后果、危险程度及物质状态划分		
火灾危险区域	21 区	具有闪点高于环境温度的可燃液体，在数量和配置上能引起火灾危险的环境
	22 区	具有悬浮状、堆积状爆炸性或可燃性粉尘，虽不可能形成爆炸性混合物，但在数量和配置上能引起火灾危险的环境
	23 区	具有固体状可燃物质，在数量和配置上能引起火灾危险的环境

二、第二类防雷建筑物

遇下列情况之一时，划为第二类防雷建筑物：

·作为国家重点文物保护的建筑物。

·国家级的会堂、办公楼建筑物、大型展览和博览建筑物、大型火车站、国宾馆、大型城市的重要给水泵房等特别重要的建筑物。

·国家级计算中心、国际通讯枢纽等对国民经济有重要意义且装有大量电子设备的建筑物。

·制造、使用或贮存爆炸物质的建筑物且电火花不易引起爆炸或不致造成巨大破坏和人身伤亡的。

·具有 1 区爆炸危险环境的建筑物，且电火花不易引起爆炸或不致造成巨大破坏和人身伤亡的。

·具有 2 区或 11 区爆炸危险环境的建筑物。

·工业企业内有爆炸危险的露天钢质封闭气罐。

·预计雷击次数大于 0.06 次/a 的部、省级办公建筑物及其他重要或人员密集的建筑物。

·预计雷击次数大于 0.3 次/a 的住宅、办公楼等一般性建筑物。

三、第三类防雷建筑物

遇下列情况之一时，划为第三类防雷建筑物：

·省级重点文物保护的建筑物及省级档案馆。

·预计雷击次数大于或等于 0.012 次/a，且小于或等于 0.06 次/a 的省、部级办公建筑物及其他重要或人员密集的建筑物。

·预计雷击次数大于或等于 0.06 次/a，且小于或等于 0.3 次/a 的住宅、办公型民用建筑物。

·预计雷击次数大于或等于 0.06 次/a 的一般工业建筑物。

·根据雷击后对工业产生的影响及产生的后果，并结合当地的气象、地形、周围环境等因素，确定需要防雷的 21 区、22 区、23 区火灾危险环境。

·在年平均雷暴日大于 15d/a 的地区，高度在 15m 及以上的烟囱、水塔等孤立建筑物；在年平均雷暴日小于或等于 15d/a 的地区，高度在 20m 及以上的烟囱、水塔等孤立建筑物。

项目三　建筑物防雷装置

建筑物的直击雷防护装置一般由接闪器、引下线和接地装置三部分组成。避雷针是最常见的接闪器，由于它高出被保护物，又和大地直接相连，当雷云接近时，它的顶部与雷云之间的电场强度最大，因而可将雷云的电荷吸引到避雷针本身，并经引下线和接地装置将雷电流安全地泄放到大地中去，使被保护物免受直接雷击。

一、接闪器

接闪器就是专门直接接受雷击的金属导体。接闪的金属杆，称为避雷针；接闪的金属线，称为避雷线；接闪的金属带，称为避雷带；接闪的金属网，称为避雷网。

（一）避雷针

从18世纪中叶雷电科学家发明避雷针以来，它一直是建筑物防避直击雷的重要手段，尽管陆续出现了形态各异的新型避雷针，但是基本原理都没有改变。作为接闪器之一的避雷针，经大量模拟试验和实际使用统计资料表明，避雷针的外表形状与避雷效果并无明显关系。外表形状的变化，往往是适应某些艺术造型的需要，并使其售价大幅度提高。

正确设计或选择避雷针是保证防避直击雷效果的重要条件，根据各国的实践经验，凡设计正确，合理安装避雷装置的建筑物，都很少发生直击雷害事故。

1. 独立避雷针

独立避雷针的结构，如图7－1所示，由A、B、C、D、E五段组成。每段各6m，通过结合板和螺栓连接。

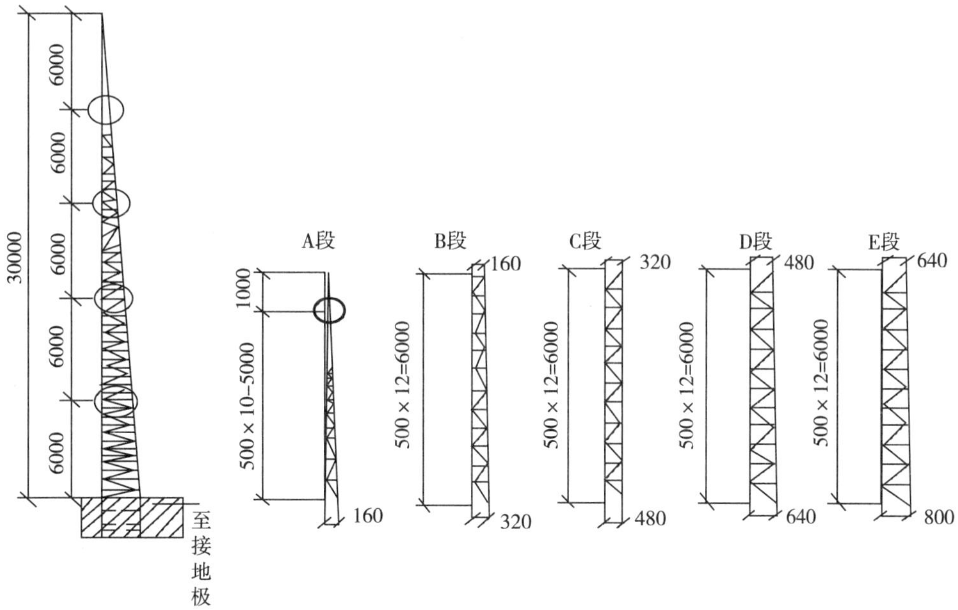

图7－1　独立避雷针的结构

2. 非独立避雷针

非独立避雷针的高度比独立避雷针小很多，具体数值由设计人员依照实际保护范围决定。其针尖部分用圆钢或钢管制成，其直径不小于表7－2所示：

表7－2　针长对应的材料直径

	针长1m以下	针长1～2m	烟囱顶上的针（m）
圆钢直径	12	16	20
钢管直径	20	25	40

非独立避雷针的各段材料见表 7－3：

表 7－3　非独立避雷针各段材料对照表

段别材料	A 段	B 段	C 段	D 段	E 段
主材	16 圆钢	19 圆钢	22 圆钢	25 圆钢	25 圆钢
横材	12 圆钢	16 圆钢	16 圆钢	19 圆钢	19 圆钢
斜材	12 圆钢	16 圆钢	16 圆钢	19 圆钢	19 圆钢
接合板厚度	8 钢板	12 钢板	12 钢板	12 钢板	12 钢板

但由于其安装位置较高，设计安装结构时应注意以下两点：

第一，砖木结构的房屋，可把避雷针敷设在山墙顶部或屋脊上，用抱箍或者用锁螺丝固定于梁上，固定部分的长度为针高的 1/3。也可以将避雷针嵌于砖墙或水泥中，为了结构的坚固，插在砖墙中的部分为针高的 1/3，插在水泥中的部分为针高的 1/4 ~ 1/5。

第二，平顶屋上的避雷针安装时底座应与屋顶连接，并用螺栓固定好。

（二）架空避雷线和架空避雷网

架空避雷线（网）安装在建筑物的上边，经过引下线与接地装置连接，用以保护建筑物免受直接雷击。避雷线架空又接地，因此又称架空地线。

避雷线可以看作是连续分布的避雷针，其保护原理与避雷针基本相同。架空避雷线（网）应采用截面不小于 50mm^2 的热镀锌钢绞线或铜绞线。他们应有独立的接地装置。高大建筑物以及由于造型和施工要求不便采用避雷针、架空避雷线的建筑物，往往采用避雷带或避雷网。这两种方式已得到广泛的应用，在某些情况下可以节省工程费用。

（三）避雷带

避雷带是指在平顶房子四周的女儿墙或坡顶屋的屋脊、屋檐上装上金属带作为接闪器，并把它与大地良好连接。其保护原理与避雷针相同。

（四）避雷网

最简单的避雷网就是利用钢筋混凝土结构中的钢筋网构成的，所以又叫做暗装避雷网，它的保护原理是古典电学中的法拉第笼。我们看到鸟儿站在架空的裸电线上时，无论电压多高都不会被电击。当人与大地隔离时，可以带电修理高压电线，这说明人与带电体等电位时是不会有触电危险的，所以当把导体放入金属笼内，再将金属笼接以高电位，则笼内的人或物就可以避免被雷击。

二、引下线

引下线是用来传导和散发雷电流的。采用避雷带和避雷网保护时，每座房屋至少有两根引下线（投影面积小于 50mm^2 的建筑物可只用一段）。避雷引下线应尽量对称均匀分布。引下线间距不应大于 18m；当大于 18m 时，应在中间加一根引下线。专设引下线一般沿建筑物外墙明敷，但应装在人不易碰到的隐蔽地点，防止接触电压的危害。距地面2m以内的引下线，应有良好的保护物覆盖，避免与人接触。墙壁较厚、要求较高的建筑物，可把引下线埋在墙里，也可以把引下线放在伸缩缝中，做成暗装引下线，其圆钢直径不应小于10mm，扁钢截面不应小于$80mm^2$。

采用多根引下线时，为了便于检查避雷设施连接导线的导电情况和接地体的散流电阻，应在每根引下线上距地面0.3～1.8m处装设断接卡。利用建筑物的柱筋作避雷引下线更可靠、免维护、易分流，既经济又不破坏建筑物的美观。但要注意与接闪器及接地装置应有可靠的电气连接，以保证通过雷电流的安全。

三、接地装置

接地装置是指接地线和接地体，是防雷装置的重要组成。接地装置向大地均匀泄放雷电流，使防雷装置对地电压不至于过高。

人工接地体一般分两种埋设方式。一种是垂直埋设，即人工垂直接地体；另外一种是水平埋设，即人工水平接地体。

接地装置宜由扁钢、圆钢、角钢、钢管等组成。人工垂直接地体宜采用角钢、钢管或圆钢；人工水平接地体宜采用扁钢或圆钢。接地线应与水平接地体的截面相同。在腐蚀性强的土壤中，应采取镀锌等防蚀措施或加大截面。人工钢质垂直接地体的长度一般宜为2.5mm。其间距以及人工水平接地体的间距均宜为5m，当受地方限制时可适当减小。埋设深度不应小于0.5m，并宜敷设在当地冻土层以下，其距墙或建（构）筑物的基础不宜小于1m。接地体宜远离由于烧窑、烟道等高温影响使土壤电阻率升高的地方。

人工水平接地体多为放射性布置，也可成排布置，也可环形布置。

项目四　建筑物防雷措施

一、建筑物防雷的总要求

第一，各类防雷建筑物应设防直击雷的外部防雷装置并应采取防闪电电涌侵入的措施。

第二，第一类防雷建筑物和第二类防雷建筑物中的④、⑤、⑥建筑物，应采取防雷电感应的措施。

第三，各类防雷建筑物应设内部防雷装置。

（1）在建筑物的地下室或地面处，以下物体应与防雷装置做防雷等电位连接：建筑物金属体、金属装置、建筑物内系统、进出建筑物的金属管线。

（2）除第1条的措施外，还应考虑外部防雷装置与建筑物金属体、金属装置、建筑物内系统之间的间隔距离。

第四，不属于第一、第二、第三类防雷建筑物，可不装设直击雷装置，但应采取防止雷电波沿低压架空线侵入的措施。

二、第一类防雷建筑物的防雷措施

应装设独立避雷针或架空避雷线（网），使被保护的建筑物及风帽、放风管突出屋面的物体处于接闪器的保护范围内。架空避雷网的网格尺寸不应大于5m×5m或6m×4m。

排放爆炸危险气体、蒸汽或粉尘的放散管、呼吸阀、排风管等的管口外的以下空间应处于接闪器的保护范围内。当有管帽时，管口处于接闪器保护范围内的空间应满足相关规定；当无管帽时，应为管口上方半径为5m的半球体。接闪器与雷闪的接闪点应设在上述空间之外。

独立避雷针的杆塔、架空避雷线的端部和架空避雷网的各支柱处，应至少设一根引下线。对用金属制成或有焊接、绑扎连接钢筋的杆塔、支柱，宜用其作为引下线。

独立避雷针和架空避雷线（网）的支柱及其接地装置至被保护物及其有联系的管道、电缆等金属物之间的距离不能小于3m。

独立避雷针、架空避雷线（网）应有独立的接地装置，每一根引下线的冲击接地电阻不宜大于10Ω。在土壤电阻率较高的地区，可适当增大冲击接地电阻。但在3000Ωm以下的地区，冲击接地电阻不应大于30Ω。

当建筑物太高或因其他原因难以装设独立避雷针、架空避雷线（网）时，可将避雷针或网格不大于5m×5m或6m×4m的避雷网或由其混合组成的接闪器直接装在建筑物上，避雷网应沿屋角、屋脊、屋檐或檐角等易受雷击部位敷设。

当树木高于建筑物且不在接闪器保护范围之内时，树木与建筑物之间的净距不应小于5m。

三、第二类防雷建筑物的防雷措施

宜采用安装在建筑物上的避雷针、避雷网（带）或由其混合组成的接闪器。避雷网应沿屋角、屋脊、屋檐或檐角等易受雷击部位敷设，并应在整个屋面组成不大于10m×10m或12m×8m的网格。当建筑物高度超过45m时，首先应沿屋顶周边敷设接闪带，接闪带应设在外墙外表面或屋檐边垂直线上或其外。接闪器之间应互相连接。

突出屋面排放爆炸危险气体、蒸气或粉尘的放散管、呼吸阀、排气管等，应按一类建筑物相同要求处理。

排风管、煤气放散管等金属物体，可以不装接闪器，但应和屋面避雷装置相连。在屋面接闪器和保护范围之外的非金属管、阀应装接闪器，并和屋面避雷装置相连。

引下线不应少于两根，并应沿建筑物四周均匀对称布置，其间距不应大于18m。每根引下线的冲击电阻不应大于10Ω。

可以利用建筑物的钢筋混凝土屋面、梁、柱内的钢筋作为引下线，部分建筑物可利用其作为接闪器；混凝土中作为防雷装置的钢筋或圆钢直径不应小于10mm；构件内的钢筋应采用绑扎或焊接方式连接，之间必须连接电气通路。

高度超过45m的钢筋混凝土结构、钢结构建筑物，应有防侧击和等电位保护措施。做法是将45m及以上外墙上的栏杆、门窗等较大的金属物与防雷装置连接；竖直敷设的金属管道及金属物的顶端和底端与防雷装置连接。

非金属贮油罐，可采用独立避雷针或在非金属贮油罐上安装接闪器来防止直击，同时还应有防雷电感应措施。建于地下半地下的非金属贮油罐，为提高安全程度，在地面上排风管、呼吸阀处应安装避雷针。

四、第三类防雷建筑物的防雷措施

第三类防雷建筑物的防雷措施，宜采用装设在建筑物上的避雷网（带）或避雷针及混合组成的接闪器。避雷网（带）应按规定沿屋角、屋檐或檐角等易受雷击部位敷设，并在整个屋面组成不大于 20m×20m 或 24m×16m 的网格。平顶屋面的建筑物，当其宽度不大于 20m 时，可仅沿周边敷设一圈避雷带。

每根引下线的冲击接地电阻不宜大于 30Ω，但对预计雷击次数大于或等于 0.012 次/a 且小于或等于 0.06 次/a 的部、省级办公建筑物及其他重要或人员密集的公共建筑物，则每根引下线的冲击接地电阻不宜大于 10Ω。其防雷接地装置可以与电气设备接地装置、埋地金属管道共用并相连。当不共用不相连时，两者间在地中的距离不应小于 2m。

利用混凝土中的钢筋作为避雷装置时，应符合国标中有关条款的要求。

突出屋面的物体保护方式，按上述第二类防雷建筑物的要求处理。

非金属烟囱（如砖、钢筋混凝土），宜在其上安装避雷针或避雷环保护。当其无法采用单支或双支避雷针保护时，应在烟囱口装设环形避雷带，并应对称布置三支高出烟囱口 0.5m 以上的避雷针。

专设引下线不应少于两根，并应沿建筑物四周和内庭院四周均匀对称布置，其间距沿周长计算不宜大于 25m。当建筑物的跨度较大无法在跨距中间设引下线时，应在跨距两端设引下线并减小其他引下线的间距；宜使专设引下线的平均间距不大于 25m。

应采用相应的防止雷电流经引下线和接地体产生高电压反击的措施；采取防止雷电波侵入措施。

章节小结

本模块主要介绍了雷电的种类及危害，建筑物的防雷分类、防雷装置，建筑物的防雷措施。

雷电的种类可分为直击雷、感应雷、雷电波侵入和球雷四种。

雷电的危害主要表现电效应、热效应、机械效应、对人体的危害。

建筑物根据其重要性、使用性质、发生雷击事故的可能性及后果，可分为三类：第一类防雷建筑、第二类防雷建筑、第三类防雷建筑。

建筑物的直击雷防护装置一般由接闪器、引下线和接地装置三部分组成。

防雷措施：第一类防雷建筑物的防雷措施，第二类防雷建筑物的防雷措施，第三类防雷建筑物的防雷措施。

章节练习

1. 雷电对我们的生活和生产有哪些危害？
2. 完整的防雷装置由哪几部分组成，基本要求是什么？
3. 建筑物的雷电防护分为几类？请举例说明。

模块八　照明工程

学习目标

1. 理解灯具的表达方式及字母代表的含义。
2. 掌握不同重量灯具的安装方法及安装要求。
3. 了解开关和插座的安装要求及质量控制要点。

项目一　照明装置的防火措施

电气照明是利用电能发光的一种光源。按发光原理可分为热辐射光源和气体发光光源；按使用性质可分为工作照明、装饰照明和事故照明。随着科学技术的发展和人们生活水平的不断提高，各种电气照明和装饰装置在生产、生活中得到广泛应用。由于其使用的普遍性和多样性，人们对日常生活中使用较多的白炽灯、荧光灯、高压汞灯和卤钨灯等照明灯具的火灾危险性应有足够的重视。

电气照明的火灾危险性发生在照明或装饰灯具工作时，其玻璃灯泡、灯管等表面温度很高。若灯具选用不当会发生故障，产生电火花、电弧或局部高温，这都极可能引起灯具附近的可燃物起火燃烧，酿成火灾。由于照明灯具一般安装在人员生产、居住的场所，装饰灯具一般安装在人员密集的场合，一旦发生火灾，除了造成巨大财产损失外，还会造成重大人员伤亡。

一、照明灯具引发火灾原因

（一）表面温度高

白炽灯、荧光灯、高压汞灯、卤钨灯等照明灯具工作时，其灯泡玻璃或灯管玻璃表面会产生很高的温度，可能引燃周围的易燃物、可燃物品。

（二）超过额定电压供电

供电电压超过灯泡的额定电压，断丝灯泡的搭接使用钨丝长度减小或水滴滴在点燃的灯泡上，有可能引发灯泡爆碎而着火；从灯泡中掉落的火花往往会引起火灾。

（三）接触不良

灯座与灯头接触部分或接线头由于腐蚀或接触不良而发热和产生火花。

（四）散热不良或过负荷

过负荷或者散热不好会使温度过高，将破坏带有镇流器灯具的线圈的绝缘性，造成匝间短路起火。

（五）线路老化

灯具的导线年久失修，绝缘老化或受机械损伤，使导线绝缘破坏造成短路，引起导线绝缘层和易燃物起火。

二、照明装置的防火措施

· 白炽灯、荧光灯、高压汞灯、卤钨灯与可燃物、可燃结构之间的距离不应小于 50m。

· 严禁用纸、布或其他可燃物遮挡灯具。

· 灯泡距地面高度一般不应低于 2m，如必须低于此高度，应采用必要的防护措施。可能会遇到碰撞的场所，灯泡应有金属或其他网罩防护。

· 灯泡的正下方不应堆放可燃物品。

· 室外的某些特殊场所的照明灯具应有防溅设施，防止水滴溅射到高温的灯泡表面，使灯泡炸裂。灯泡破碎后，应及时更换或将灯泡的金属头旋出。

· 霓虹灯的安装必须由专业经营单位进行，变压器必须安放在不燃的基座或铁架上，装在室外的变压器应对绝缘接线柱上的污物定期清扫，重要场所的大型霓虹灯装置要由专人负责启闭电源。

· 镇流器安装时应注意通风散热，不准将镇流器直接固定在可燃天花板、吊顶或墙壁上，应用隔热的不燃材料进行隔离。镇流器与灯管的电压与容量必须相同，配套使用。

· 可燃吊顶内暗装的灯具（全部或大部分在吊顶内）功率不宜过大，并应以白炽灯或荧光灯为主，灯具上方应保持一定的空间，以利于散热。

· 暗装灯具及其发热附件，周围应用不燃材料（石棉板或石棉布）做好防火隔热处理，安装条件不允许时，应将可燃材料刷以防火涂料。

· 明装吸顶灯具采用木制底台时，应在灯具与底台中间铺垫石棉板或石棉布。附带镇流器的各式荧光吸顶灯，应在灯具与可燃材料之间加垫隔热板，禁止直接安装在可燃吊顶上。

· 各种特效舞厅灯的电动机，不应直接接触可燃物，中间应铺垫防火隔热材料。

· 可燃吊顶上所有暗装、明装灯具，舞台暗装彩灯，舞池脚灯的电源导线，均应穿钢管敷设。舞台暗装彩灯泡、舞池脚灯彩灯，其功率均宜在 40W 以下，最大不应超过 40W。彩灯之间导线应焊接，所有导线不应与可燃材料直接接触。

· 大型舞厅在轻钢龙骨上以线吊方式安装的彩灯，导线穿过龙骨处应穿胶团保护，以免导线绝缘破损造成短路。

以上我们讨论了灯具本身的防火措施，除此之外，照明装置其他部分也存在一定的火灾危险性，故要搞好照明线路、灯座、灯具开关、挂线盒等设备的防火。

三、照明供电设施的防火措施

照明供电系统包括照明总开关、熔断器、照明线路、灯具开关、挂线盒、灯头线（指挂线盒到灯座的一段导线）、灯座等。由于这些零件和导线的电压等级及容量如选择不当，会因超过负荷、机械损坏等而导致火灾的发生。因此，必须符合以下防火要求：

· 在火灾和爆炸危险场所安装使用的照明用灯的开关、灯座、接线盒、插头、按钮以及照明配电箱等，其防火、防爆性能应符合国家标准《爆炸和火灾危险环境电力装置设计规范》的要求。

· 各种照明灯具安装前，应对灯座、挂线盒、开关等零件进行认真检查。发现松动、损坏的要及时修复或更换。

· 开关应装在相线上，螺口灯座的螺口必须接在零线上。开关、插座、灯座的外壳均应完整无损，带电部分不得裸露在外面。

· 功率在150W以上的开启式灯具和100W以上的其他类型灯具，不准使用塑胶灯座，必须采用瓷质灯座。

· 各零件必须符合电压、电流等级，不得过电压、过电流使用。

· 灯头线在天棚挂线盒内应做保险扣，以防止接线端直接受力拉脱，产生火花。

· 重量在1kg以上的灯具（吸顶灯除外），应用金属链吊装或用其他金属物支持（如采用铸铁底座和焊接钢管），以防坠落。重量超过3kg时，应固定在预埋的吊钩或螺栓上。轻钢龙骨上安装的灯具，原则上不能加重钢龙骨的荷载，凡灯具重量在3kg及以下者，必须在主龙骨上安装；3kg及3kg以上者，必须用铁件固定。

· 灯具的灯头线不得有接头；需接地或接零的灯具金属外壳，应有接地螺栓与接地网连接。

· 各式灯具装在易燃结构部位或暗装在木制吊平顶内时，在灯具周围应做好防火隔热处理。

· 用可燃材料装修墙壁的场所，墙壁上安装的灯具开关、电源插座、电扇开关等，应配金属接线盒，导线穿钢管敷设，要求与吊顶内导线敷设相同。

· 特效舞厅灯安装前应进行检查：各部接线应牢固，通电试验所有灯泡无接触不良现象，电机运转平稳，温升正常，旋转部分无异常响声。

· 凡重要场所的暗装灯具（包括特制大型吊装灯具的安装），应在全面安装前做出同类型“试装样板”（包括防火隔热处理的全部装置），然后组织有关人员核定后再全面安装。

项目二　照明灯具的安装

一、普通灯具的安装

（一）悬吊装置固定

1. 灯具挂钩

大型灯具挂钩不应小于悬挂销钉的直径且不得小于10mm，与预埋在混凝土中的挂钩主筋连接；如无条件焊接，也要将挂钩末端部分弯曲后与主筋绑扎，固定牢固；吊钩的弯曲半径为Φ50，预埋长度与平顶距离为80~90mm。

2. 防松防震装置

吊杆上的悬挂销钉必须装设防振橡皮垫及防松装置；吊灯的安装高度离地坪距离不得低于2.5m。灯具的重量与预埋件应满足表8－1的要求。

表8－1　灯具的重量与预埋件直径

序号	灯具重量	预埋吊钩直径	备注
1	3～10kg	6mm	预埋混凝土内，与主筋焊接
2	10～30kg	10mm	预埋混凝土内，与主筋焊接
3	≥30kg	至少大于12mm	根据灯销配置

（二）灯具安装

1. 灯具对称安装

嵌入顶棚的装饰灯具应固定在专设框架上，电源线不应贴近灯具外壳。灯线应该留有余量，固定的灯罩边缘、边框应紧贴在顶棚上，矩形灯具边缘与顶棚的装饰线平行。如对称安装时，纵横中心轴线应在同一直线上，偏斜不应大于5mm。

2. 安装高度规定

灯具安装高度室内不低于2.5m，室外不低于3m。灯具固定牢固可靠，不使用木楔。每个灯具固定用螺钉或螺栓不少于2个；当绝缘台直径在75mm及以下时，采用1个螺钉或螺栓固定。

3. 灯具的安装方式

应按照表8－2的要求进行安装。灯具重量超过3kg时应固定在预埋的吊钩或螺栓上。吸顶灯具与绝缘台过近时应有隔热措施。

4. 安装顺序

每一个接线盒供应一只灯具，门口第一个开关应控制第一只灯具，灯具与开关对应。

5. 吊装要求

采用钢管灯具的吊杆，钢管内径不小于10mm；成排的室内安装灯具，中心偏差不大于5mm。弯管灯管长度超过350mm时应加装拉攀固定。

表8－2　灯具的吊装方式

序号	灯具类型	安装方式	备注
1	小于0.5kg	吊线式	吊线两端做保险扣
2	0.5～3kg	吊链式	灯线不受拉力，与吊链编叉在一起
3	大于3kg	预埋吊钩	直径不小于挂销直径，且不小于6mm

6. 金属构件

花式灯具金属构件应做好接地保护。一般采用型钢做吊钩时，圆钢最小规格不小于

Φ12mm，扁钢不小于 50mm×5mm。

7. 强度试验

花灯吊钩圆钢直径不应小于灯具挂销直径且不应小于 6mm。大型花灯的固定及悬吊装置，应按灯具重量的 2 倍做过载试验。

8. 防火及隔热处理

凡是在木结构上安装吸顶灯，应在与吊顶接触的部位垫上 3mm 厚的石棉布（纸）隔热。

9. 导线线芯最小截面积

应满足表 8－3 的要求：

表 8－3 导线线芯的最小截面积

灯具安装的场所及用途		线芯最小截面积（mm^2）		
		铜芯软线	铜线	铝线
灯头线	民用建筑室内	0.5	0.5	2.5
	工业建筑室内	0.5	1.0	2.5
	室外	1.0	1.0	2.5

二、专用灯具的安装

（一）手提式低压安全灯

手提式低压安全灯必须符合下列要求：

· 灯体及手柄必须用坚固的耐热及耐湿绝缘材料制成。

· 灯座应牢固地装在灯体上，不能让灯座转动。灯泡金属部分不外漏。

· 灯泡应有可靠的机械保护，采用保护网，其上端固定在灯具绝缘部分上。

· 安装灯体时，引入线不应过于拉紧，避免拉断和磨伤。

（二）危险性场所照明设备的安全防护

· 安装前，检查和试验布线的连接和绝缘情况。

· 直接安装于顶棚或墙、柱上的灯具设备，应在建筑物和照明设备之间，加垫厚度不小于 2mm 的石棉垫或橡皮板垫。

（三）应急照明灯具

· 应急照明在正常电源断电后，电源转换时间：疏散照明 ≤1.5s；安全照明 ≤0.5s。

· 疏散照明由安全出口标志灯和疏散标志灯组成。安全出口标志灯距地高度不低于 2m，且安装在疏散出口和楼梯口里侧的上方。

· 疏散标志灯安装在安全出口的顶部，楼梯间、疏散通道及其转角处，应安装在 1m 以下的墙面上。不易安装的部位可安装在其上部。

· 疏散通道上的标志灯间距不大于 20m（人防工程不大于 10m）。

（四）防爆灯具

防爆灯具安装应符合下列规定：

·灯具的防爆标志、外壳防护等级和温度组别与爆炸危险环境相适配。当设计无要求时，灯具种类和防爆结构的选型应符合表 8－4 的规定：

表 8－4　灯具种类和防爆结构的选型

爆炸危险区域防爆结构 / 照明设备种类	Ⅰ区		Ⅱ区	
	隔爆型 d	增安型 e	隔爆型 d	增安型 e
固定式灯	○	×	○	○
移动式灯	△	－	○	－
携带式电池灯	○	－	○	－
镇流器	○	△	○	○
注：○为适用；△为慎用；×为不适用				

爆炸性物质可分为三类：

Ⅰ类：矿井内的甲烷，防爆标志为 Ex Ⅰ；

Ⅱ类：爆炸性气体混合物，防爆标志为 Ex Ⅱ；

Ⅲ类：爆炸性粉尘，防爆标志为 DIP。

·灯具配套齐全，不用非防爆零件替代灯具配件（金属护网、灯罩、接线盒等）；

·灯具的安装位置离开释放源且不在各种管道的泄压口及排放口上下方安装灯具；

·灯具及开关安装牢固可靠，灯具吊管及开关与接线盒螺纹啮合扣数不少于 5 扣，螺纹加工光滑、完整、无锈蚀，并在螺纹上涂以电力复合酯或导电性防锈酯；

·开关安装位置应便于操作，安装高度 1.3m。

三、灯具的标注

（一）照明灯具标注方法

$$a - b\,\frac{c \times d \times L}{e}f$$

公式中字母的表示含义：

a——灯数

b——型号或编号

c——每盏照明灯具的灯泡个数

d——灯泡容量，W

e——灯泡安装高度，m

f——安装方式

L——光源种类，白炽灯或荧光灯

（二）照明电器安装方式及代号

安装方式	拼音代号	英文代号
线吊式	X	CP
链吊式	L	CH
管吊式	G	P
壁吊式	B	W
吸顶式	D	C
吸顶嵌入式	DR	CR
嵌入式	BR	W

（三）灯具的类型及代号

灯具的类型	拼音代号
普通吊灯	P
壁灯	B
花灯	H
吸顶灯	D
柱灯	Z
卤钨探照灯	L
投光灯	T
工厂灯	G
防水、防尘灯	F
陶瓷伞罩灯	S

（四）光源的类型及代号

光源的类型	拼音代号	英文代号
白炽灯	B	IN
荧光灯	Y	FL
卤（碘）钨灯	L	IN
汞灯	G	Hg
钠灯	N	Na
氖灯	Ne	
电弧灯	ARC	
红外线灯	IR	
紫外线灯	UV	

项目三 开关插座的安装

一、安装要求

当交流、直流或不同电压等级的插座安装在同一场所时，应有明显的区别，且必须选择不同结构、不同规格和不能互换的插座；配套的插头应按交流、直流或不同电压等级区别使用。

（一）插座接线

· 单相两孔插座，面对插座的右孔或上孔与相线连接，左孔或下孔与零线连接；单相三孔插座，面对插座的右孔与相线连接，左孔与零线连接。

· 单相三孔、三相四孔及三相五孔插座的接地（PE）或接零（PEN）线接在上孔。插座的接地端子不与零线端子连接。同一场所的三相插座，接线的相序一致。

· 接地（PE）或接零（PEN）线在插座间不串联连接。

（二）特殊情况下插座安装规定

· 当接插有触电危险家用电器的电源时，采用能断开电源的带开关插座，开关断开相线；

· 潮湿场所采用密封型并带保护地线触头的保护型插座，安装高度不低于 1.5m。

（三）照明开关安装规定

· 同一建筑物、构筑物的开关采用同一系列的产品，开关的通断位置一致、操作灵活、接触可靠；

· 相线经开关控制；民用住宅无软线引至床边的床头开关。

· 开关安装位置便于操作，开关边缘距门框边缘的距离为 0.15 ~ 0.2m，开关距地面高度 1.3m；拉线开关距地面高度 2 ~ 3m，层高小于 3m 时，拉线开关距顶板不小于 100mm，拉线出口垂直向下；

· 相同型号并列安装及同一室内开关安装高度应一致，且控制有序不错位。并列安装的拉线开关的相邻间距不小于 20mm；

· 暗装的开关面板应紧贴墙面，四周无缝隙，安装牢固，表面光滑整洁、无碎裂、划伤，装饰帽齐全。

（四）插座安装规定

· 当不采用安全型插座时，托儿所、幼儿园及小学等儿童活动场所安装高度不小于 1.8m；

· 暗装的插座面板紧贴墙面，四周无缝隙，安装牢固，表面光滑整洁、无碎裂、划伤，装饰帽齐全；

· 车间及试（实）验室的插座安装高度距地面不小于 0.3m；特殊场所暗装的插座不小于 0.15m；同一室内插座安装高度一致；

· 地插座面板与地面齐平或紧贴地面，盖板固定牢固、密封良好。

二、质量控制要点

·开关、插座均符合设计要求，并有产品合格证和 CCC 认证。

·塑料板面应有足够强度，板面平整，无弯曲变形现象。

·电气和机械性能现场抽样检测：不同电极带电部件间的电气间隙和爬电距离不小于 3mm。绝缘电阻值不小于 5mΩ。螺丝与软塑固定件旋合长度不小于 8mm，软塑固定件经受 10 次拧紧退出试验后，无松动、损坏或掉渣现象。

·明线敷设的开关应安装在标准绝缘台上。

·多尘、潮湿场所和户外应选用防水型开关或加装保护箱。易燃易爆场所，开关应采用防爆型或密封型。

项目四　建筑物照明通电试运行

一、质量控制要点

照明系统通电试运行应在各回路绝缘电阻测试合格后方可进行，绝缘电阻值不小于 0. 5mΩ。

在连续试运行时间内应无线路过载、线路过热等故障。

二、主控项目

照明系统通电，灯具回路控制应与照明配电箱及回路的标识一致；开关与灯具控制顺序相对应。

公用建筑照明系统通电连续试运行时间为 24h，民用住宅照明系统通电连续试运行时间应为 8h。所有照明灯具均应开启，且每 2h 记录运行状态 1 次，连续试运行时间内无故障。

实训一　应急照明系统的检测

实训目的：

通过实训，学生能够了解应急照明系统的检测内容及方法。

实训内容：

1. 应急照明灯具的安装。
2. 应急照明电源供电。
3. 应急照明的线路。

实训流程：

1. 电源检测（正常电源外，有柴油发电机组或蓄电池）；

2. 疏散照明安装高度、间距及位置；
3. 隔热、阻燃措施；
4. 穿越防火分区有防火隔堵措施；
5. 电线、电缆的敷设要求。

注意事项：

1. 不要带电操作；
2. 按照检查数量规定抽样。

实训二　开关和插座的检测

实训目的：

通过实训，学生能够了解开关和插座的检测内容及方法。

实训内容：

1. 插座接线。
2. 特殊情况下插座的安装。
3. 照明开关的安装。

实训流程：

1. 检测开关、插座的型号是否符合设计要求。
2. 外观检测：开关和插座板面完整、无弯曲。
3. 开关、插座的机械性能。
(1) 绝缘电阻值不小于5兆欧。
(2) 螺钉与固定件无松动。
4. 开关、插座、接线盒的阻燃性能。
5. 明敷设开关安装在绝缘台上。
6. 加装保护箱。

注意事项：

1. 做好绝缘防护措施；
2. 按照检查数量规定抽样。

章节小结

本模块介绍了照明装置的防火措施、照明灯具的安装及标注方法、开关和插座的安装及建筑物的通电试运行。

照明引发火灾的原因：表面温度高、超压供电、接触不良、散热不良、过载和线路老化。

照明装置的防火措施。

照明灯具安装：普通灯具的安装、专用灯具的安装。

灯具的标注方法：字母表示的含义。

开关和插座的安装要求及质量控制要点。

通电试运行的质量控制要点及主控项目。

章节练习

1. 灯具的重量与预埋件直径满足什么关系？
2. 灯具吊装方式有哪些？简述不同灯具宜采用什么方法吊装。
3. 开关和插座安装有哪些要求？
4. 简述灯具的标注方法。

模块九　安全用电

学习目标

1. 了解电动机的分类及电动机引发火灾的原因。
2. 了解电热设备引发火灾的原因及防火措施。
3. 了解家用电器存在的火灾危险性及防火措施。

项目一　动力设备

一、电动机的分类

电动机按工作电源种类划分可分为直流电动机和交流电动机。直流电动机按结构及工作原理可分为无刷直流电动机和有刷直流电动机。有刷直流电动机可分为永磁直流电动机和电磁直流电动机。电磁直流电动机可分为串励直流电动机、并励直流电动机、他励直流电动机和复励直流电动机。永磁直流电动机可分为稀土永磁直流电动机、铁氧体永磁直流电动机和铝镍钴永磁直流电动机。其中交流电机还可分为同步电机和异步电机。同步电机可分为永磁同步电动机、磁阻同步电动机和磁滞同步电动机。异步电机可分为感应电动机和交流换向器电动机。感应电动机可分为三相异步电动机、单相异步电动机和罩极异步电动机。交流换向器电动机可分为单相串励电动机、交直流两用电动机和推斥电动机。

二、分类选择及应用场合

（一）直流电动机

直流电动机是依靠直流工作电压运行的电动机，广泛应用于收录机、录像机、影碟机、电动剃须刀、电吹风、电子表、玩具等。

1. 无刷直流电动机

无刷直流电动机采用半导体开关器件来实现电子换向，即用电子开关器件代替传统的接触式换向器和电刷。它具有可靠性高、无换向火花、机械噪声低等优点，广泛应用于高档录音座、录像机、电子仪器及自动化办公设备。

无刷直流电动机由永磁体转子、多极绕组定子、位置传感器等组成。位置传感器按转子位置的变化，沿着一定次序对定子绕组的电流进行换流（即检测转子磁极相对定子绕组的位置，并在确定的位置处产生位置传感信号，经信号转换电路处理后去控制功率开关电路，按一定的逻辑关系进行绕组电流切换）。定子绕组的工作电压由位置传感器输出控制的电子开关电路提供。

位置传感器有磁敏式、光电式和电磁式三种类型。

采用磁敏式位置传感器的无刷直流电动机，其磁敏传感器件（如霍尔元件、磁敏二极管、磁敏诂极管、磁敏电阻器或专用集成电路等）装在定子组件上，用来检测永磁体、转子旋转时产生的磁场变化。

采用光电式位置传感器的无刷直流电动机，在定子组件上按一定位置配置了光电传感器件，转子上装有遮光板，光源为发光二极管或小灯泡。转子旋转时，由于遮光板的作用，定子上的光敏元器件将会按一定频率间歇间生脉冲信号。

采用电磁式位置传感器的无刷直流电动机，是在定子组件上安装电磁传感器部件（如耦合变压器、接近开关、LC 谐振电路等），当永磁体转子位置发生变化时，电磁效应将使电磁传感器产生高频调制信号（其幅值随转子位置而变化）。

2. 永磁式直流电动机

永磁式直流电动机也由定子磁极、转子、电刷、外壳等组成，定子磁极采用永磁体（永久磁钢），有铁氧体、铝镍钴、钕铁硼等材料。按其结构形式可分为圆筒型和瓦块型等几种。录放机中使用的电动机多数为圆筒型磁体，而电动工具及汽车用电器中使用的电动机多数采用专块型磁体。

转子一般由硅钢片叠压而成，较电磁式直流电动机转子的槽数少。录放机中使用的小功率电动机多数为 3 槽，较高档的为 5 槽或 7 槽。漆包线绕在转子铁心的两槽之间（3 槽即有 3 个绕组），其接头分别焊在换向器的金属片上。电刷是连接电源与转子绕组的导电部件，具备导电与耐磨两种性能。永磁电动机的电刷使用单性金属片或金属石墨电刷、电化石墨电刷。

录放机中使用的永磁式直流电动机采用电子稳速电路或离心式稳速装置。

3. 电磁式直流电动机

电磁式直流电动机由定子磁极、转子（电枢）、换向器（俗称整流子）、电刷、机壳、轴承等构成，定子磁极（主磁极）由铁心和励磁绕组构成。根据其励磁（旧标准称为激磁）方式的不同又可分为串励直流电动机、并励直流电动机、他励直流电动机和复励直流电动机。因励磁方式不同，定子磁极磁通（由定子磁极的励磁线圈通电后产生）的规律也不同。

串励直流电动机的励磁绕组与转子绕组之间通过电刷和换向器串联，励磁电流与电枢电流成正比，定子的磁通量随着励磁电流的增大而增大，转矩近似与电枢电流的平方成正比，转速随转矩或电流的增加而迅速下降。其启动转矩可达额定转矩的 5 倍以上，短时间过载转矩可达额定转矩的 4 倍以上，转速变化率较大，空载转速甚高（一般不允许其在空载下运行）。可通过用外用电阻器与串励绕组串联（或并联）或将串励绕组并联换接来实现调速。

并励直流电动机的励磁绕组与转子绕组相并联，其励磁电流较恒定，启动转矩与电枢电流成正比，启动电流约为额定电流的 2.5 倍。转速则随电流及转矩的增大而略有下降，短时过载转矩为额定转矩的 1.5 倍。转速变化率较小，为 5% ~15%。可通过削弱磁场的恒功率来调速。

他励直流电动机的励磁绕组接到独立的励磁电源供电，其励磁电流也较恒定，启动转矩与电枢电流成正比。转速变化也为5%～15%。可以通过消弱磁场恒功率来提高转速或通过降低转子绕组的电压来使转速降低。

复励直流电动机的定子磁极上除有并励绕组外，还装有与转子绕组串联的串励绕组（其匝数较少）。串联绕组产生磁通的方向与主绕组的磁通方向相同，启动转矩约为额定转矩的4倍，短时间过载转矩为额定转矩的3.5倍左右。转速变化率为25%～30%（与串联绕组有关）。转速可通过消弱磁场强度来调整。

（二）交流电动机

1. 交流同步电动机

交流同步电动机是一种恒速驱动电动机，其转子转速与电源频率保持恒定的比例关系，被广泛应用于电子仪器仪表、现代办公设备、纺织机械等。

（1）永磁同步电动机。永磁同步电动机属于异步启动永磁同步电动机，其磁场系统由一个或多个永磁体组成，通常是在用铸铝或铜条焊接而成的笼型转子的内部，按所需的极数装镶有永磁体的磁极。定子结构与异步电动机类似。

当定子绕组接通电源后，电动机以异步电动机原理启动动转，加速运转至同步转速时，由转子永磁磁场和定子磁场产生的同步电磁转矩（由转子永磁磁场产生的电磁转矩与定子磁场产生的磁阻转矩合成）将转子牵入同步，电动机进入同步运行。

磁阻同步电动机也称反应式同步电动机，是利用转子交轴和直轴磁阻不等而产生磁阻转矩的同步电动机，其定子与异步电动机的定子结构类似，只是转子结构不同。

（2）磁阻同步电动机。这是由同笼型异步电动机演变来的，为了使电动机能产生异步启动转矩，转子还设有笼型铸铝绕阻。转子上还设有与定子极数相对应的反应槽（仅有凸极部分的作用，无励磁绕组和永久磁铁），用来产生磁阻同步转矩。根据转子上反应槽结构的不同可分为内反应式转子、外反应式转子和内外反应式转子，其中，外反应式转子反应槽开地转子外圆，使其直轴与交轴方向气隙不等。内反应式转子的内部开有沟槽，使交轴方向磁通受阻，磁阻加大。内外反应式转子结合以上两种转子的结构特点，直轴与交轴差别较大，使电动机的力能较大。磁阻同步电动机分为单相电容运转式、单相电容启动式、单相双值电容式等多种类型。

（3）磁滞同步电动机。磁滞同步电动机是利用磁滞材料产生磁滞转矩而工作的同步电动机。它分为内转子式磁滞同步电动机、外转子式磁滞同步电动机和单相罩极式磁滞同步电动机。

内转子式磁滞同步电动机的转子结构为隐极式，外观为光滑的圆柱体，转子上无绕组，但铁心外圆上有用磁滞材料制成的环状有效层。

定子绕组接通电源后，产生的旋转磁场使磁滞转子产生异步转矩而启动旋转，随后自行牵入同步运转状态。在电动机异步运行时，定子旋转磁场以转差频率反复地磁化转子；在同步运行时，转子上的磁滞材料因被磁化而出现了永磁磁极，从而产生同步转矩。

2. 交流异步电动机

交流异步电动机是领先交流电压运行的电动机，广泛应用于电风扇、电冰箱、洗衣机、空调器、电吹风、吸尘器、油烟机、洗碗机、电动缝纫机、食品加工机等家用电器及各种电动工具、小型机电设备。

因其电机的转速（转子转速）小于旋转磁场的转速，从而叫异步电机。它和感应电机基本上是相同的。s＝（ns－n）/ns。s为转差率，ns为磁场转速，n为转子转速。

基本原理：

第一，当三相异步电机接入三相交流电源时，三相定子绕组流过三相对称电流产生三相磁动势（定子旋转磁动势）并产生旋转磁场。

第二，该旋转磁场与转子导体有相对切割运动，根据电磁感应原理，转子导体产生感应电动势并产生感应电流。

第三，根据电磁力定律，载流的转子导体在磁场中受到电磁力作用，形成电磁转矩，驱动转子旋转，当电动机轴上带机械负载时便向外输出机械能。

（1）单相异步电动机。单相异步电动机由定子、转子、轴承、机壳、端盖等构成。

定子由机座和带绕组的铁心组成。铁心由硅钢片冲槽叠压而成，槽内嵌装两套空间互隔90°电角度的主绕组（也称运行绕组）和辅绕组（也称启动绕组成副绕组）。主绕组接交流电源，辅绕组在串接离心开关S或启动电容、运行电容等之后再接入电源。

转子为笼型铸铝转子，它是将铁心叠压后用铝铸入铁心的槽中并一起铸出端环，使转子导条短路成鼠笼型。

单相异步电动机又分为单相电阻启动异步电动机、单相电容启动异步电动机、单相电容运转异步电动机和单相双值电容异步电动机。

（2）三相异步电动机。三相异步电动机的结构与单相异步电动机相似，其定子铁心槽中嵌装三相绕组（有单层链式、单层同心式和单层交叉式三种结构）。定子绕组接入三相交流电源后，绕组电流产生的旋转磁场在转子导体中产生感应电流，转子在感应电流和气隙旋转磁场的相互作用下又产生电磁转矩（异步转矩），使电动机旋转。

（3）罩极式电动机。罩极式电动机是单向交流电动机中最简单的一种，通常采用笼型斜槽铸铝转子。它根据定子外形结构的不同又分为凸极式罩极电动机和隐极式罩极电动机。

凸极式罩极电动机的定子铁心外形为方形、矩形或圆形的磁场框架，磁极凸出，每个磁极上均有1个或多个起辅助作用的短路铜环，即罩极绕组。凸极磁极上的集中绕组为主绕组。

隐极式罩极电动机的定子铁心与普通单相电动机的铁心相同，其定子绕组采用分布绕组，主绕组分布于定子槽内，罩极绕组不用短路铜环，而是用较粗的漆包线绕成分布绕组（串联后自行短路）嵌装在定子槽中（约为总槽数的2/3），起辅助的作用。主绕组与罩极绕组在空间相距一定的角度。

当罩极电动机的主绕组通电后，罩极绕组也会产生感应电流，使定子磁极被罩极绕组罩住部分的磁通与未罩部分向被罩部分的方向旋转。

三、电动机烧毁的主要原因

以异步电动机为例，我们来分析电动机起火的主要原因。

电动机是把电能转换成机械能的设备，它是根据通电线圈在磁场中受力转动的现象制成，分布于各个用户处。电力系统中的电动机大部分是交流电机，可以是同步电机或者异步电机（电机定子磁场转速与转子旋转转速不保持同步速）。通电导线在磁场中受力运动的方向跟电流方向和磁感线（磁场方向）方向有关。电动机工作原理是磁场对电流受力的作用，使电动机转动。和其他机器一样，电动机起火除电动机自身的原因外，还有线路、开关电器和保护元件等方面的问题。

（一）异步电机引发火灾原因

1. 严重过载

电动机由于超负荷运行导致工作电流超过额定值，造成绕组短路引起火灾。

2. 内部短路

由于受潮、绝缘老化、过电压击穿、机械性损伤等原因，电动机绕组及端子处发生相间、匝间或对地短路时，温度急剧升高，甚至打火放电，可引起电动机着火。

3. 缺相运行

三相电动机缺一相运行时，由于恒值负载，电流将增大为正常值的几倍。时间过长则可引起电动机着火。如缺相的三相电动机在堵转状态下接通电源，就会由于其堵转转矩为零，电动机不能启动，而这时的电流高达额定电流的 6 ~ 7 倍，很容易引起电动机着火。

4. 接触不良

电动机内部及外部连接不良时，轻则过热，重则打火放电，均可引起电动机着火。

5. 频繁启动

因为每次启动都将承受堵转电流的冲击，所以，频繁启动也可导致电动机温度过高并引起燃烧。

6. 机械性堵转

如因安装不好或有异物进入，电动机被别死或卡死，接通电源后，6 ~ 7 倍的电流就很容易引起电动机着火。

7. 电压波动太大

电压过高将使铁心发热增加；电压过低，由于恒值负载，电流将明显增大，也将使发热增加。二者都可能使电动机产生危险温度，引起燃烧。

8. 散热失效或环境温度过高

例如，电动机外风扇或外风扇罩拆卸后未予安装或环境温度超过 40℃，都可能导致电动机温度过高并引起燃烧。

9. 铁心短路

铁心短路时，铁心涡流损耗大大增加，使铁心过热，也可能导致电动机着火。

10. 内部绕组的短路故障

电动机的绕组一般是用漆、纱、丝包的（铜或铝）导线绕制而成。这些导线任意一处的绝缘被破坏，都会造成相间、匝间或接地短路。如果短路是局部的，会造成启动困难，甚至启动不了。

如果是严重的匝间短路，在短路匝内将产生很大的环流，使绕组很快发热、冒烟、并发出焦臭气味。当短路匝数多时，会导致熔丝熔断，这时，电动机转子由于承受的电磁转矩不平衡而发生振动，同时发出不正常的嗡嗡声响。如果是相间短路，则会烧毁电动机。

造成上述情况的原因有：电动机长时间或经常处于过载状态或短时间内重复启动，致使绕组长期过热，使导线的绝缘加速老化，绝缘强度降低。在过电流和过电压的冲击下因最薄弱处被击穿而短路。在电机绝缘嵌线时由于不小心碰伤绝缘或不慎将硬质金属异物掉入电动机内，当运转时碰撞而损坏绕组绝缘，发生短路。

如果使用环境温度过高，受腐蚀性气体的侵蚀，绝缘强度会急剧下降。有时电机绝缘强度下降后会在电网内发生瞬时过电压或大气过电压（雷击），可能将某薄弱环节击穿，也可能同时将几处或整个绕组绝缘击穿而发生短路起火。

11. 电动机的电火花

电动机各电气连接处松脱时可能产生电火花；绝缘击穿时也可能产生电火花；异物造成短路时也可能产生电火花；电动机转动部分与固定部分摩擦或碰撞时可能产生机械碰撞火花；直流电动机和统线式电动机电刷后方总会有或小或大的电火花。

除此之外，还有接触不良、选型不当、机械摩擦、铁损过大等其他原因可能引起火灾。

四、预防电动机起火的主要措施

选择、安装和运行保护是预防电动机火灾的几个方面，忽视任何一方面都可能引起事故，造成火灾。因此，只有把好每一个环节的关，才有可能避免烧毁电动机和由此引起的火灾事故。

（一）电动机运行中的防火要求

· 长期没有运行的电动机，在启动前应测量绝缘电阻和空载电流。

· 电动机连续启动次数一般不能太多，在冷状态下连续启动次数不应超过 3 次，热状态下启动不应超过 1～2 次。

· 合闸后，如电动机不转，应立即拉闸，切断电源，检查和排除故障，避免因启动电流发热过多烧毁电动机。

· 对运转中的电动机应加强监视，注意音响、温升和电流、电压变化情况，以便及时发现问题，防止事故发生。电动机的额定电压、电流、温升、转速等都写在铭牌上。长期运行时，一般电流不应超过额定电流，电压不应低于额定电压的 5% 和超过 10% 。线圈、铁芯滑环和轴承的温度不应超过允许温升。

· 电动机停止运行、职工下班时，除切断动力电路的总开关外，还必须将每台电动机专用开关拉断，以保证安全。

· 注意接线端子的接触情况，特别是震动较大的地方，防止因接触不良发热引起燃烧。

· 对开启型电动机应定期进行吹扫。

（二）正确选择电动机的保护方式

1. 短路保护

对于中、小容量的电动机来说，多用熔断器进行短路保护既简单又可靠。

2. 失压保护

利用磁力启动器的线圈在启动电动机的控制回路中起失压保护作用。自动空气开关、自耦降压补偿器一般也装有失压脱扣装置。主要用于防止电机在低压下长期运行及在电源恢复供电后的自启动。

3. 过载保护

一般采用热继电器或过电流延时继电器来保护，这样可以充分利用电机的短期过载能力。双金属热继电器的发热时间常数小于电动机的发热时间常数，致使动作特性不能很好地与电动机的允许过负荷特性相配合。因此，若选择使用不当，就不能有效的保护电动机。选择使用双金属热继电器时需要注意以下几个基本要素：

（1）电动机型号、容量及结构。通常，双金属热继电器适合于一般工业长期运行、恒定负荷的鼠笼型电动机。绕线型电动机由于发热特点不同，应采取其他措施保护；大容量电动机转子发热较快，也需另加考虑。

（2）电动机启动电流及启动时间。当电动机启动时间过长，选择热继电器时，应考虑在启动过程中不误动作。

4. 断相运行保护

反映断相后电流变化的保护装置有热继电器、欠电流继电器、晶体管断相保护电路、负序电流过滤器。

反映电压变化的保护装置有低电压继电器、零序电压保护器、断线电压保护器、负序电压过滤器，可视需要加以利用。

断相运行的电路保护方案是较好的，原因是断相故障发生时，至少有一根供电导线里的电流等于零。就是说，电流的变化较电压的变化更剧烈。例如，断相故障发生时，不对称电流达 100%，而空载不对称电压只有 6% ~7%。所以，由检测谐波电流讯号组成的电流保护及电流滤序保护，能可靠地保护异步电动机断相运行。但其缺点是价格较贵。

反映零序电压的保护，优点是线路比较简单，使用也比较方便。但由于零序电压大小与电动机容量及负荷大小有关，还要求躲过电压波动与电压不平衡引起的零序电压变化而产生的误动作，因此，零序继电器动作参数的选择比较困难，致使其应用范围受到限制。

以上为中、小型三相异步电动机的保护方式。高压大容量电动机的保护方式有所不同。

（三）正确选择电动机的容量和型式

电动机的功率和机型的选择既关系安全问题又涉及经济问题，设计不当，不是造成浪费就是造成事故，毁坏设备，酿成火灾。

首先，所选电动机电压应与电源电压相符。另外电动机的使用条件要合乎机械负载的性质要求，这里包括启动时对启动转矩大小的要求、调速要求、自启动要求等各方面拖动技术上的要求。

1. 合理地选择电动机的功率

电动机的功率一般指其输出的机械功率。若功率选得太小，会造成“小马拉大车”

现象，使之长时间过载运行，会加速电机绝缘老化而损坏甚至烧毁电动机。功率选得太大，使出力得不到充分利用而浪费，使电机功率因数和效率降低，加大电网的无功功率，对电网极为不利，不仅增加了设备费用，同时运行也不经济。

2. 合理地选择电动机的型式

三相异步电动机的选型关系到电动机在运行中能否安全。如果在易燃易爆场合下选择了一般防护式电机，当电动机发生故障时产生的高温、火花、电弧将引燃物质或引爆爆炸性混合物，所以宜根据安装地点和工作环境选用不同型式的电机。具体请参考表 9－1 和 9－2。

表 9－1　常用电动机与相应的安装场所

电动机的安装场所	电动机的型式
潮湿场所	耐湿绝缘的防滴型电动机
有粉尘，但系不良导体，无腐蚀和易于吹洗的场所	开启型电动机
有粉尘，且对线圈的冷却不利或能腐蚀绝缘的场所	封闭型电动机
潮湿而又有粉尘的场所，有导电粉尘或易燃粉尘的场所	封闭型电动机
有腐蚀性气体或蒸汽的场所	密封型电动机或用于耐酸绝缘的封闭型电动机
有爆炸性气体或液体的场所	防爆型电动机

表 9－2　常用三星异步电动机型号、用途与使用环境

型号	名称	用途
J	防护式异步电动机	适用于拖动水泵、鼓风机、车床、铣床、钻床等机器设备。JL 型电动机一般用于要求重量较轻的机械上
J－L	防护式铝线异步电动机	
JL	防护式铝壳异步电动机	

项目二　电热设备

电热设备是将电能转化为热能的一种电气设备。在工业中经常使用的电炉、电热烘干箱、电加热器、变频电感加热器、电熨斗、电烙铁等电热设备的工作原理是利用电流通过各种电热丝（电阻丝）产生的高温，或利用电磁感应的涡流、微波产生的高温，加热或者烘干物品。

一、电热设备导致火灾的主要原因

（一）电热设备的表面温度

电热设备的功率一般比较大，设备的表面温度较高，有的还是敞开式的，所以火灾危险性很大，表表 9－3 列出了各种电热设备的表面温度值。

表 9－3　电热设备的表面温度值

设备名称	通电时间（min）	表面参考温度（℃）
400W 敞开式电炉	10	200～250
800W 敞开式电炉	长时间使用	600～800
密封式电烤箱	长时间使用	300～400
1000W 辐射式电炉	30	170～200
360W 电熨斗	20	250～320
360W 电熨斗	长时间使用	400
电烙铁	长时间使用	300～400

（二）电热设备导致火灾的主要原因

·导线选择不当或更换比原功率大的电热丝，使导线过负荷。

·电热设备的绝缘材料长时间受高温影响，老化破裂造成短路。

·电热设备安装、使用不当，如将电熨斗放在可燃基座上或刚断电就放在可燃物上。

·加热温度过高或者时间过长引燃可燃物。

·电热设备使用管理不严。

二、电热设备的基本防火措施

（一）严格选用导线

为防止过负荷，选择导线时必须考虑足够的截面积，工业用电热器应采取单独线路，民用的电热器不宜直接接在灯座上，应做好单独安装线路。

（二）安装位置要保持防火隔离

为防止电炉、电熨斗长时间使用烤着可燃物质，应安装在离可燃物质较远的地方，放在台板上或可燃物件上时，下边应垫有耐火的不燃材料。还应防止绝缘导线芯裸露，插头破损，形成短路引起火灾。

（三）装设环境不得有可燃气体、蒸汽和粉尘

在有可燃气体、蒸汽和粉尘的部位不得装设电热器。

（四）电热器接通电源后要由专人看管，停电时注意切断电源

无论是工业用还是民用电热器，在接通电源后一定要有专人看守，较大的电热器还应该安装温度控制或温度调节器，以防温度过高。要严格按照规章、规程和制度操作；停电时应将电源切断，以防复电时电热器过热发生危险。

项目三　电焊设备

电焊又称为电弧焊，是把焊钳上的焊条作为一个电极，将焊件作为另一个电极，利用接触电阻的原理产生高温电弧，将金属熔化后连接在一起的明火作业。电焊机按照电

流的不同，分为直流电焊机和交流电焊机两种类型。电焊机的主要部件有焊接变压器、调节装置、焊钳和箱体。

一、电焊火灾危险性

由于电焊时电机的输出端电流较大，可达到上百安培，电弧的温度可达到3000～6000℃，一般的可燃物都可以被引燃，所以电焊作业存在很大的火灾危险性。具体到以下几个方面：

·焊接时的高温熔渣（电火花）四处飞溅，引起周围可燃物着火。

·通过热传导将可燃物引燃。

·焊接曾输送、储存过可燃液体、气体的管道、容器的时候违章作业，引起爆炸起火。

二、电焊作业防火措施

（一）电焊作业人员必须两证齐全

所谓两证，是指焊工的资质证书和动火许可证。电焊作业人员必须是经过消防安全培训合格后持上岗证的正式焊工，作业时必须持有经消防安全部门审查合格的动火证。

（二）作业现场要远离禁火区

作业操作时应将易燃、易爆场所和禁火区域内的焊件拆下来，迁移至安全地点进行。对确实无法拆卸的焊割件，应把焊割的部位或设备与其他易燃易爆物质、设备严密隔离。

（三）焊件不得沾有任何可燃物质

焊件不得沾有任何可燃物质，对可燃气体的容器、管道进行焊、割时，可将惰性气体（如氮气、二氧化碳）、蒸汽或水注入焊、割的容器或管道内，把残存在里面的可燃气体置换出来。对储存过可燃液体的设备和管道进行焊、割前，应先用热水、蒸汽或酸液、碱液把残存在里面的液体清洗干净。对于无法溶解的污染物，应先铲除，然后再清洗。

（四）作业现场不得有易燃物品存在

作业点附近的可燃物无法搬移时，可采用喷水的方法，把可燃物浇湿，以增加它的抗火能力。被焊、割的设备，作业前必须泄压，开启全部入孔、阀门等。在有易燃、易爆、有毒气体的室内作业时，应先通风，待室内的易燃、易爆和有毒气体排至室外后才能进行焊、割作业。

（五）严格分析含量

在对可燃气体、液体设备进行电焊作业前，焊、割件内部的可燃气体、蒸汽含量应进行严格分析。浓度必须小于爆炸下限1/4时才能进行焊接作业。

（六）要有一旦着火的应急准备

要针对不同的作业现场和焊、割对象，配备一定数量的灭火器材。对大型工程项目禁火区域内的设备抢修以及作业现场环境比较复杂时，可与本企业专职消防队或当地消防部门联系，增派消防车现场执勤。

项目四　电气装置

电气装置包括用电设备、保护设备、开关设备、保护线路、供电线路等。在众多组成之中，开关设备是最为常见和广泛应用的控制设备。所谓的开关设备，就是接通和切断或隔离电源的装置。开关设备一般可分为高压开关设备和低压开关设备。

在日常生产中，电能的生产、输送、分配都离不开电气开关。电气开关的规格型号、性能参数等选用不当、元件失灵、操作失误，都会导致设备不能有效地投入运行或不能充分发挥效能，也会导致整个系统发生故障，甚至引起火灾或触电等重大事故。

一、开关

(一）一般规定

开关应设在开关箱里，开关箱应加盖，内表面钉上白铁皮，防止开关起火引起开关箱燃烧。金属开关箱应接地。

开关箱应安装在干燥地点。

开关箱的容量和耐压能力必须适应使用的需要。

潮湿场所应选用拉线开关。

有化学腐蚀、火灾和爆炸危险的房间，应把开关安装在室外或合适的地方，否则应采用相应型式的开关，如在有爆炸危险的场所应采用隔爆型、防爆充油型的防爆开关。

在中性点接地的系统中，单极开关必须接在火线上，否则开关虽断，电气设备仍然带电，一旦火线接地，就有发生接地短路引起火灾的危险。

开关箱内不准存放任何物品，要保持清洁，开关周围 1.0m 之内不应存放可燃物质。

开关损坏时应及时更换。

(二）自动开关

自动开关主要用于分合和保护交、直流电气设备、低压供电系统，如果选型不当、操作失误、缺乏维护，会出现机构失灵、接触不良。当发生缺相运行或因整定值过大，被保护设备过载或不能动作等现象时，开关会失去保护作用，导致电气设备损坏，并且伴随电气设备烧毁、爆炸等现象，还会引燃可燃物，酿成火灾。此外，自动开关一般控制着一定范围内的整个用电系统，因此，开关故障造成的损失和灾害一般会很大。

为了避免事故的发生，一般要做到：

第一，自动开关的型号应根据使用场所，额定电流与负载，脱扣器额定电流，长、短延时动作电流值大小等参数来选择。

第二，自动开关不应安装在易燃、受震、潮湿、高温、多尘的场所，而应装在干燥、明亮、便于维修和施工的地方，并应配备电柜箱，安装完毕启用前要保证电磁铁接触良好。

第三，触点和转动部分是自动开关易出故障的地方，在使用了 1/4 机械寿命时，必须进行添润滑油、清除毛刺灰垢、补焊触点、紧固螺钉等维护工作。

（三）闸刀开关

闸刀开关又称刀开关或隔离开关，它是手控电器中最简单、使用又较广泛的一种低压电器。刀开关在电路中的作用是：隔离电源，以确保电路和设备维修的安全；分断负载，如不频繁地接通和分断容量不大的低压电路或直接启动小容量电机。刀开关是带有动触头——闸刀，并通过它与底座上的静触头——刀夹座相契合（或分离）以接通（或分断）电路的一种开关。其中以熔断体作为动触头的，称为熔断器式刀开关，简称刀熔开关。

闸刀开关一旦超载发热、绝缘损坏、缺相运行、机构故障等引起短路、电击和由于刀口接触不良、闸刀开关与导线连接松弛，就会引起局部升温、电弧等现象，会对电力系统造成损害，甚至会引起火灾。另外，在分合开关时，还会出现火花和电弧，也会造成火灾或引起爆炸。

为防止火灾事故的发生，闸刀开关应根据额定电流和额定电压合理选用，一般其额定电流应为线路计算电流的2.5倍以上。

安装时，应选择干燥明亮处，并配备专用配电箱。电源接在静触点上，开关按规定安装成正装形式，而且应保证拉、合闸刀的动作方便灵活。使用过程中应定期检查各开关刀口与导线及刀触点处是否接触良好，开关胶盒、瓷底座、手柄等处有无损坏等。拉开或推合时动作要迅速，以减弱电弧并且接合紧密。为保证人身安全，操作人员在操作闸刀开关时不可面对开关，以防电弧伤人。

（四）负荷开关

由于侧面操作的刀开关和瓷插式熔断器同装于由钢板壳（也有的是铸铁壳的）制成的铁盘中，故称铁壳开关。铁壳开关装有速断弹簧，能快速切断和接通负荷电流，分断能力一般可达4倍其本身的额定电流。它还装有机械联锁装置，保证打开盘盖时不能合闸，合闸状态时不能打开盒盖，以保证使用安全。

这种开关安全可靠、使用寿命长，又能防止电火花、电弧及高温颗粒飞溅，故其应用范围较广。当然其使用不当也会引起火灾。为此，要合理选用开关型号。为保证安全，外壳必须接地，不能长期过载使用。如果发现机械连锁装置或外盖损坏或插入式熔断器损坏，应及时修复或更换。

（五）接触器

接触器由主触头、辅助触头、电磁系统、外壳、灭弧装置和支架等组成，在日常生活中比较常见。接触器可快速切断交流与直流主回路，所以适用于远距离、频繁接通和分断电路及大容量控制电路，可以用其实现自动或联锁控制。

在实际使用过程中，接触器触头弹簧压力不能过小，不能使线圈过热，要保证触头接触良好，防止接触电阻过大，尤其要保证灭弧装置正常工作。在使用过程中，要定期对设备进行检查，发现故障要及时排除，以确保设备正常工作。

（六）控制继电器

在日常自动化生产中，我们随处都可以看到控制继电器的身影，其最大的特点就是以小电流控制大电流。其分类及用途以及特点见表9－4。

表 9－4　控制继电器的分类、特点及用途

名称	动作特点	主要用途
电压继电器	电压达到规定值时动作	电动机失压或欠电压保护以及制动等自动控制系统
电流继电器	通过的电流达到规定值时动作	电动机或供电系统的过载及短路保护，直流电机磁场控制系统
中间继电器	达到规定值时动作	控制电路中增加回路数量，改变信号参数
时间继电器	自得到动作信号起至触头动作有一定延时	控制交直流电机的启、制动时间及各种自动控制系统的时间程序
热继电器	过电流通过双金属片制成的热元件时发热弯曲推动微动开关动作	电气设备的过载保护
温度继电器	温度达到规定值时动作	温度控制系统

由于控制继电器在系统中处于重要的地位，所以它的稳定性影响整个系统，一旦误动作或失灵，其后果不堪设想，所以在使用过程中要非常小心。要根据实际情况选取合适规格的继电器，要安装在干燥的环境中，使用期内要定期检查和维修。此外，还应考虑被控对象的延时时间、脱扣电流倍数、触点个数等因素。

二、插销

插销是日常生活中最常见的设备，我们所说的插销是插头和插座的统称，用以连接移动式电器设备。插座引起的事故，往往是由于被易燃品堆垛压住或粉尘落入，造成短路发热燃烧。

（一）插销的火灾危险

· 用裸线头代替插头插入插座会产生火花，甚至会造成短路，易发生火灾危险。

· 插入或拨出插头时产生火花，当周围有可燃物时，会引起火灾。

（二）防火措施

· 在使用前应选取参数合适的插销。

· 插头附近不能有可燃物品，应用覆盖物盖上插销以免落入粉尘等异物。

· 在有爆炸危险的场所应安装防爆插销。

· 插销应放置在干燥的环境中，以免受潮短路。

· 应定期对设备进行检查，插头插座损坏时应及时修理更换。

三、表箱、表板、配电箱、开关板

· 应安装在干燥、明亮、不易受损（受震、受潮）、便于抄表、便于操作、便于维修的屋内。

· 不应安装在室外（在室外应有防止雨雪风沙浸入的措施）、寝室、诊病室、病

室、暗室、浴室、厕所、水池和水门的上下侧（如安装在水池、水门左右侧时，其垂直距离不应小于 1m）和经常锁门的房间里。

·用于仓库的配电箱应安装在库外。

·配电箱要保持清洁，有专人管理，箱内外不准放任何杂物，附近不可堆放可燃物品。

·在火灾危险场所应用金属制品箱、盒，有可燃粉尘或纤维的场所，除金属制品外，箱体和门应有封闭措施。

·爆炸危险场所应采用防爆配电箱。

项目五　家用电器

在家庭中使用的各种电气称为民用电器或者家用电器。家用电器的分类方法国际上尚未统一，但按产品的功能、用途分类较常见，大致分为八类。

第一类，制冷电器。包括家用冰箱、冷饮机等。

第二类，空调器。包括房间空调器、电扇、换气扇、冷热风器、空气去湿器等。

第三类，清洁电器。包括洗衣机、干衣机、电熨斗、吸尘器、地板打蜡机等。

第四类，厨房电器。包括电灶、微波炉、电磁灶、电烤箱、电饭锅、洗碟机、电热水器、食物加工机等。

第五类，电暖器具。包括电热毯、电热被、电热服、空间加热器等。

第六类，整容保健电器。包括电动剃须刀、电吹风、整发器、超声波洗面器、电动按摩器、空气负离子发生器等。

第七类，声像电器。包括电视机、收音机、录音机、录像机、摄像机、组合音响等。

第八类，其他电器，如烟火报警器、电铃等。

一、空调器具

（一）空调器具的火灾危险性

空调给人带来美好的享受，冬暖夏凉。但是，安装或使用空调不当，会引发火灾事故。日常生活中，由于使用空调不当引起的火灾，在电气火灾中所占的比例日渐增大。分析其中原因，主要是：

·安装空调时，未考虑电路、电表的承载能力，“小马拉大车”，严重超负荷；

·空调制冷、制热时突然停机或停电，电热丝与风扇电机同时切断或风扇发生故障，热元件余热聚积，使周围温度上升，引发火灾；

·电容器发热、受潮，绝缘性能降低，导致发生击穿故障，再引燃机内垫衬的可燃材料起火；

·轴流或离心风扇因机械故障被卡住，风扇电机温度上升，导致因过热短路起火；

·安装时将空调直接接入没有保险装置的电源电路中；

·空调油浸电容器质量太差，或者在制造过程中电容介质受过损伤，经长时间工作后被击穿起火；

·操作不当。关掉电源后，未开启风扇让其转动，电阻丝仍保留着高温，导致周围可燃构件分解、炭化起火。

（二）防火措施

·增大用户的用电容量，采用不小于15A的电度表，电源线最好用铜导线，其截面积应不小于2.5mm^2。

·空调不要直接安装在可燃物上，也不要放置在可燃的地板上或地毯上。

·安装空调的场所，如果安装有火灾报警器探头，其空调的送风口距火灾报警器探头的水平距离不应小于1.5m，否则其设备会失控。

·每台空调应当有单独的保险熔断器和电源插座，不要同家用电器等共用一个万能插座。外出时，应当将空调电源切断。

·空调不要靠近窗帘、门帘等悬挂物，以免卷入电机而使电机发热起火。雷雨天气时最好不要使用空调。

·长时间停运的空调，在重新启动前，先要进行一次检查保养。

·使用空调的场所或家庭，应当配备两个不小于2kg容量的干粉灭火器。

二、洗衣器具

（一）洗衣器具的火灾危险性

洗衣器具用于各类纤维织品的洗涤、脱水、烘干和熨烫，主要包括洗衣机、甩干机、干衣机和电熨斗等。洗衣器具火灾危险性较大的是电熨斗。

电熨斗使用完毕忘记切断电源或者设置不当，极易引发火灾。经测试，300W、500W、700W的电熨斗，表面温度可分别达到520℃、600℃、620℃。因此，将正在通电使用的电熨斗放置在可燃物体上，只要稍一疏忽或临时有事离开，往往仅几分钟就能引起火灾。

此外，电熨斗的余热也会引起火灾。电熨斗断电后在一定的时间内仍有较高的余热，如调温型电熨斗从210℃降至130℃约需半个小时，普通型电熨斗从600℃降至130℃约需76min（电熨斗的升温和降温曲线如图9－1所示）。在这段时间内，电熨斗若碰到可燃物仍能引发火灾。再者，电熨斗的电源线为插接式，若插头或插口受潮，接触松动，会造成漏电、发热、绝缘材料损坏，引起插件和导线燃烧。

（二）防火措施

·使用电熨斗时操作人员不要轻易离开。

·在熨烫衣物的间歇，要把电熨斗竖立放置或放在专用的电熨斗架上，切不可放在易燃的物品上，也不要把电熨斗放在下面有可燃物质的铁板或砖头上。

·不随意乱放刚断电的电熨斗，应待其完全冷却后再存放起来。

·使用普通型电熨斗时切勿长时间通电，以防电熨斗过热，烫坏衣物，引起燃烧。

·不要使电熨斗的电源插口受潮，并应保证插头与插座接触紧密。

·电熨斗供电线路导线的截面不能太小，绝对不能与其他家用电器合用一个插座，也不要与其他耗电功率大的家用电器如电饭锅、洗衣机等同时使用，以防线路过载引起火灾。

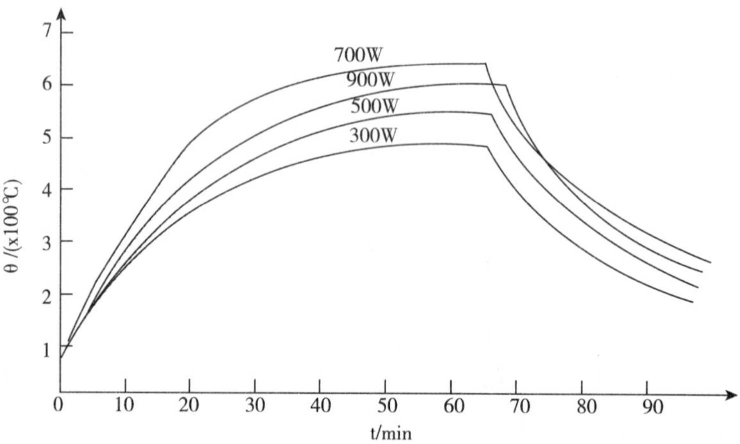

图 9－1　电熨斗的升温和降温曲线

三、美发器具

美发器具用于生活中的清洁整容，主要包括电吹风机、电热梳子、电卷发器和电推子等。美发器具的功率都比较小，因此火灾危险性较小。在使用美发器具时应注意以下几点：

· 电源插座以及导线要符合防火安全要求，连接要紧密牢靠。

· 谨防敲打、跌碰，禁止拆卸整容器具，以免损坏发热元件以及绝缘装置，造成漏电甚至短路，引起火灾。

· 使用整容器具时人员不能离开，更不能将其随意放置在台凳、沙发、床垫等可燃物上。

· 使用完毕一定要及时切断电源。

四、厨房器具

（一）厨房器具的火灾危险性

厨房器具主要用于日常饮食的加工和制作，主要包括电灶、电饭锅、电水壶和电烤炉等，由于都是大功率用电器，因此火灾隐患很大，其火灾危险性包括：

· 选用的电源线截面过小或维修后换成功率较大的元件造成导线过负荷。

· 导线绝缘损坏或用电插头直接插入插座造成短路。

· 厨房器具外壳温度较高，直接放在可燃物上或距可燃物品过近引起燃烧起火。

（二）防火措施

使用厨房器具要做到：

· 厨房内的燃气燃油管道、法兰接头、阀门必须定期检查，防止泄漏。如发现燃气燃油泄漏，首先应关闭阀门，及时通风，并严禁使用任何明火和启动电源开关。

· 厨房灶具旁的墙壁、抽油烟罩等容易污染处应定时清洗。

· 厨房内的电器设施应严格按照国家相关技术规范敷设，厨房内使用的电器开关、插座等电器设备以封闭式为佳，防止水从外面渗入，并应安装在远离煤气、液化气灶具的地方，以免开启时产生火花引起外泄的煤气和液化气燃烧。酒店厨房内运行的各种机械设备不得超负荷用电，并应时刻注意在使用过程中防止电器设备和线路受潮。

· 厨房内使用的各种炊具，应选用经国家质量检测部门检验合格的产品。与此同时，这些器具还应严格按规定进行操作，严防事故的发生。

· 工作结束后，应及时关闭所有的燃气燃油阀门，切断气源、火源后方可离开。

五、电声映像器具

这类家电中使用最广泛、火灾危险性也最大的是电视机。

（一）电视机的火灾危险性

1. 关机不彻底

目前电视机都具有可用遥控器遥控开关机功能。但是，遥控关机又分交流关机和直流关机两种。交流关机的电视机，遥控关机后，交流电源被彻底关断，再不能用遥控器开机，这种关机虽然给使用者带来不便，但关机后不会发生火灾。然而目前大部分电视机都是直流关机，关机后不能彻底脱离交流电源，只关断了电视机的主电源，仍然保留了辅助电源，且电源电压出现异常偏高时会造成辅助电源故障起火。

2. 交流供电电压异常

我国农村的供电质量差异很大，特别是农网改造前电压调整率大多超过 10%，个别地区甚至超过 20%，经常造成电视机的损坏和引发火灾。有些电视机用户使用了伪劣的稳压器，常常因为稳压器自身的故障导致供电电压过高或过低，这样可能造成电视机故障引发火灾。

3. 使用环境恶劣

使用环境温度过高和湿度过大都会对电视机内部元件造成损坏或使绝缘能力降低引发故障，导致火灾。如看电视时用电视罩遮盖了通风散热孔道使机内温度积累升高。再如北方冬季电视机由低温环境搬入温暖潮湿的室内后，机内挂霜结露，绝缘能力降低，这时开机可造成电视机故障引起火灾。有时电源开关本身都会因潮湿发生弧光放电而起火。

4. 雷电

农村室外天线架设得过高，有的还加装了比天线更高的避雷针（当然不是正规设计的），避雷针变成了“引雷器”，可导致电视机故障性火灾和直击式火灾。

5. “带病”使用

电视机已到报废年限仍继续使用或已发现故障不及时检修“带病”使用，都将增加电视机火灾的发生率。

（二）防火措施

· 电视机要放在通风良好的地方，不要放在柜、橱中，如果要放在柜、橱中，其柜、橱上应多开些孔洞（尤其是电视机散热孔的相应部位），以利风散热。

· 电视机不要靠近火炉、暖气管。连续收看时间不宜过长，一般连续收看 4 ~ 5h 后应关机一段时间，高温季节尤其不宜长时间收看。

· 电源电压要正常，看完电视后要切断电源。

·电视机应放在干燥处，在多雨季节，应注意电视机防潮，电视机若长期不用，要每隔一段时间使用几小时。电视机在使用过程中要防止液体进入电视机。

·室外天线或共用天线要有防雷设施。避雷器要有良好的接地，雷雨天尽量不用室外天线。

·电视机冒烟或发出焦味要立即关机。若是电视机起火，应先拔下电源插头，切断电源，再用干粉灭火器灭火。没有灭火器时，可用棉被、棉毯将电视机盖上，隔绝空气，窒息灭火。切忌不可用水浇，因为电视机此时温度较高，显像管骤然受冷会发生爆炸。

章节小结

本模块作为一般性了解内容，主要介绍了动力设备、电热设备、电焊设备、电气装置、家用电器的安全用电注意问题及防火措施。

电动机的分类及选择场合：直流电动机、交流电动机。

电动机烧毁的原因：严重过载、内部短路、缺相运行、接触不良、频繁启动、机械性堵转、电压波动过大、散热失效或外温太高、铁芯短路、内部绕组短路故障及电火花。

正确的防火措施、保护方法，正确选择容量与型号。

电热设备导致火灾原因：电热设备的表面温度过高、电热设备导致的。

电热设备防火措施：严格选用导线，安装位置要保持防火隔离，装设环境不得有可燃气体、蒸汽和粉尘，电热器接通电源后要有专人看管。

电焊设备的防火措施：电焊作业人员必须两证齐全、作业现场要远离禁火区、焊件不得沾有任何可燃物质、作业现场不得有易燃物品存在、电焊作业前应对可燃气体进行严格分析、要有一旦着火的应急准备。

电气装置包括：开关、插销、表箱、表板、配电箱、开关板。

家用电器的分类：制冷电器、空调器、清洁电器、厨房电器、电暖器具、整容保健器具、声像电器、其他电器。

章节练习

1. 常用的电动机有哪几种？分别适用于什么场所？
2. 电热设备导致火灾的原因有哪些？
3. 插销作为最常见的电气装置，其防火措施有哪些？
4. 电视机的火灾危险性有哪些？

第二部分　电气防火检测及质量控制

模块十 电气工程质量管理

学习目标

1. 掌握质量控制的原则与方法。
2. 理解质量控制阶段：事前控制、事中控制、事后控制的要点及意义。
3. 掌握电气工程质量控制的要求。
4. 掌握电气工程质量验收的要求。

项目一 电气工程质量控制

一、工程质量概述

（一）质量

质量包含的不仅是产品质量，也可以是某项活动或者过程的工作质量，还可以是质量管理体系运行的质量；它是由一组固有的特性组成的。这些特性是指满足顾客或其他方面的要求特征，并由其满足要求的程度加以表征。

（二）工程质量

工程质量是指满足业主的要求，并符合国家法律、法规、技术规范标准、设计文件及合同规定的特性综合。它除了具有一般产品共有的质量特性，如性能、寿命、可靠性、安全性、经济性等满足社会需要的使用价值及其属性外，还具有特定内涵。

建设工程质量特性表现在以下六个方面：

1. 适用性

即功能，是指工程满足使用目的的各种性能。包括：理化性能（尺寸、规格、隔热等物理性能，耐酸、耐碱、耐腐蚀、防风、防尘等化学性能），结构性能（地基的牢固、结构的强度等），使用性能（房子的舒适度、水电设施、道路的通达等），外观性能（房子的外观、色彩）。

2. 耐久性

即寿命，是指工程在规定的条件下，满足规定功能要求使用的年限，也就是竣工后的合理使用寿命周期。

3. 安全性

这是指工程建成后在使用过程中保证结构安全、保证人身和环境免受危害的程度。

4. 可靠性

这是指工程在规定的时间和规定的条件下完成规定功能的能力。如工程的防洪与抗震能力、防水隔热、恒温恒湿措施、工业生产用的管道防跑、冒、滴、漏等。

5. 经济性

这是指工程从规划、勘察、设计、施工到整个产品使用寿命周期内的成本和消耗费用。具体体现在设计成本、施工成本、使用成本三者之和。

6. 与环境有协调性

这是指工程与其周围生态环境协调，与所在地区经济环境协调及与周围已建工程相协调，以适应可持续发展。

二、质量控制的原则

对于施工项目而言，质量控制就是为了确保合同、规范规定的质量标准所采取的一系列检查、监控措施、手段和方法。在工程质量控制过程中应遵循以下几条规则：

1. 坚持质量第一的原则

建设工程质量不仅关系工程的适用性和建设项目的投资效果，而且关系人民群众生命财产的安全，所以，监理工程师在进行投资、进度、质量三大目标控制时，在处理三者关系时，应坚持“百年大计，质量第一”，在工程建设中自始至终把“质量第一”作为对工程质量进行控制的基本原则。

2. 坚持以人为核心的原则

人是工程建设的决策者、组织者、管理者和操作者。工程建设中各单位、部门、各岗位人员的工作质量水平和完善程度，都直接或间接地影响着工程质量，所以在工程质量控制中，要以人为核心，重点控制人的素质和人的行为，充分发挥人的积极性和创造性，以人的工作质量保证工程质量。

3. 坚持以预防为主的原则

工程质量控制应该是积极主动的，应事先对影响质量的各种因素加以控制，而不能是消极被动的等出了质量问题已造成不必要的损失后再进行处理，所以，要重点做好质量的事先控制和事中控制，以预防为主，加强过程和中间产品的质量检查和控制。

4. 坚持质量的标准原则

质量标准是评价产品质量的尺度，工程质量是否符合合同规定的质量标准要求，应通过质量检查并和质量标准对照，符合质量标准要求的才是合格的，不符合质量标准的就是不合格的，必须返工处理。

5. 坚持科学、公正、守法的职业道德规范

在工程质量控制中，监理人员必须坚持科学、公正、守法的职业道德规范，要尊重科学、尊重事实，以数据资料为依据，客观、公正地进行质量问题处理；要坚持原则、遵纪守法、秉公监理。

三、质量控制阶段

为了加强对施工项目的质量管理，明确各施工阶段管理的重点，可把施工项目质量

分为事前控制、事中控制、事后控制三个阶段。

（一）事前控制

即对施工前的准备阶段实施质量控制，即在各工程对象正式施工活动开始准备前，对各项准备工作及影响质量的各因素和有关方面进行质量控制。

1. 施工技术准备工作

（1）组织施工图纸审核和技术交底。

（2）核实资料。

（3）审查施工组织设计和施工方案。

（4）建立保证工程质量的必要实验设施。

2. 现场准备工作的质量控制

（1）场地平整和压实程度满足要求。

（2）测量数据和水准点的埋设符合要求。

（3）施工道路布设及路况满足运输要求。

（4）水、电、通信等供应满足施工要求。

3. 材料设备供应工作的质量控制

（1）供应程序和供应方式能否满足施工顺利进行。

（2）材料、设备满足国家有关法规、标准及合同规定的质量要求，设备有详细的说明书及附图，进场材料有检测验收证明。合格证、化验单与材料实际质量相符。

（二）事中控制

即施工过程中进行的所有与施工有关的质量控制，也包括对施工过程中的中间产品的质量控制。

事中控制的策略：全面控制施工过程，重点控制工序质量。

具体措施：工序交接有检查，质量预控有对策，施工项目有方案，技术措施有交底，图纸会审有记录，配制材料有实验，隐蔽工程有验收，计量器具校核有复核，设计变更有手续，质量处理有复查，成品保护有措施，行使质量有否决（权），质量文件有档案。

（三）事后控制

这是指对通过施工过程所完成的具有独立使用功能和使用价值的最终产品及有关方面的质量进行控制。具体内容包括：

· 组织联动试车。

· 准备竣工验收资料。

· 按规定的质量评定办法和标准对完成的分项、分部工程、单位工程进行质量评定。

· 组织竣工验收。

四、质量控制方法和手段

（一）施工质量控制的方法

施工阶段，监理工程师对工程项目进行的质量监控主要是通过审核施工单位所提供的有关文件、报告或报表，现场落实有关文件并检查确认其执行情况，现场检查和验收施工质量，质量信息的及时反馈等方法实现的。

1. 审核施工单位有关技术文件、报告或报表

这是对工程质量进行全面监督、检查与控制的重要途径。审查的具体文件包括：

(1) 审批施工单位提交的有关材料、半成品（出厂合格证、质量检验或试验报告等）;

(2) 审核新材料、新技术、新工艺的现场试验报告以及永久设备的技术性能和质量检验报告;

(3) 审核施工单位提交的反映工序施工质量的动态统计资料或管理图表;

(4) 审核施工单位的质量管理体系文件，包括对分包单位质量控制体系和质量控制措施的审查;

(5) 审核施工单位提交的有关工序产品质量的证明文件，包括检验记录及试验报告，工序交接检查（自检)、隐蔽工程检查、分部分项工程质量检验报告等文件、资料;

(6) 审批有关设计变更、修改设计图纸等;

(7) 审批有关工程质量缺陷或质量事故的处理报告;

(8) 审核和签署现场有关质量技术签证、文件等。

2. 现场落实有关文件并检查确认其执行情况

工程项目在施工阶段形成的许多文件需要得到落实，如多方形成的有关施工处理方案、会议决定，来自质量监督机构的质量监督文件或要求等。施工单位上报的许多文件经监理单位检查确认后，如得不到有效落实，会使工程质量失去控制。因此，监理工程师应认真检查并确认这些文件的执行情况。

3. 现场检查和验收施工质量

监理人员深入现场进行检查和验收测量放样、材料质量和工序质量等施工质量的方法，通常分为感觉性检查、量测检查和试验检查三类。

(1) 感觉性检查：就是凭借感官（即视觉、触觉和听觉）来检查和判断施工的质量。主要采用看、摸、敲、照等手法进行检查。

“看”就是根据质量标准的要求，用观察和目测的方法进行外观检查，如地基面清理是否符合要求，工人的施工操作是否正常等。

“摸”就是通过用手触摸检查、鉴定工程是否符合质量要求，如油漆的光滑度，地面是否起砂，浆活是否牢固、不掉粉等。

“敲”就是使用工具进行敲击，通过声感进行检查，如地砖铺起砌、木地板的拼镶、大理石下镶贴等。

“照”就是通过灯光照射或反光镜反射，仔细检查难以看清或光线较暗的部位，如对孔洞内情况的检查。

(2) 量测检查：就是利用测量仪器、量测工具或计量仪表进行检查，根据实际量测的结果与规定的质量标准相比较，判断质量是否符合要求。量测检查的方法可归纳为靠、吊、量、套。

“靠”就是用直尺、塞尺检查墙面、地面、屋面的平整度等。

“吊”就是用托线板以线垂吊线方法检查垂直度。

“量”就是用测量仪器、量测工具、计量仪表等方法检查断面尺寸、轴线、标高、

温度、适度等数值并确定其偏差。

“套”就是以方尺、套尺辅以塞尺检查如预制构件的方正、踢脚线的垂直角、门窗口及构件的对角线等。

（3）试验检查：就是现场取样或制作试件，在专门的试验室进行试验，或直接通过现场试验取得数据，据此判断质量是否符合要求。试验检查可分为书面检查、外观检查、理化检查和无损检查理化检查通常包含物理性质试验、化学成分试验和力学试验三种。

书面检查：是通过对提供的材料后应保证资料、试验报告等进行审核、取得认可方能使用。

外观检查：对材料品种、规格、标志外形尺寸等进行直观检查，看其有无原应问题。

物理性质试验，如测定密度、比重、含水量、安定性、抗渗性、抗冻性、耐磨性等；

化学成分试验，如钢筋中的含硫量、混凝土骨料中的活性氧化硅含量、水中的 PH 值等的测定；

力学性能试验，如抗压强度、抗弯强度、承载力、硬度等的测定。

无损检查就是利用专门的仪器仪表探测结构物、材料、设备的内部组织结构损伤的情况。

破坏性试验是在一些特殊情况下，无法通过前面的方法检查其工程质量或已使用其他方法无法判断其结论可以采用破坏性检验，如混凝土取芯、桩基取芯等。

综合性检验是指在非常特殊的工程中，往往还要通过专门设计的一些检测方法和综合性的检测工具对工程的某个局部或整体进行全面的测试，以检测工程的可靠性、安全性等，如对大型桥梁的综合检验、对剧院的声学特性进行检测等。

（二）施工阶段质量控制的手段

1. 日常性检测

在现场施工过程中，质量控制人员对操作员进行操作情况及结果的检查或抽查，以及时发现质量问题或质量隐患、事故苗头，以便及时进行控制。

2. 测量和检测

利用测量仪器和检测设备对建筑物的水平和竖直轴线、标高、几何尺寸、方位的控制，对建筑结构施工的有关砂浆和混凝土的强度检测，以严格控制工程质量，发现偏差及时纠正。

3. 试验和见证取样

各种材料及施工试验应符合相应的技术规范要求，如原材料的性能、成品强度等物理力学性能均需要通过试验手段进行控制。

4. 实行质量否决制度

质量检查人员或技术人员对施工中存在的问题，有权以口头或书面形式要求操作人员停工或返工，纠正违章行为，责令将不合格产品返工。

5. 按规定的工作程序控制

预检和隐检应由专人负责并按规定检查，做出记录，完成分项工程质量要进行实测实量的检验评定。

项目二　电气工程质量验收

一、一般规定

·建筑电气工程施工现场的质量管理应符合下列规定：电工、焊工、起重吊装工和电气调试人员等，按有关要求持证上岗。安装和调试各类计量器具，应检定合格，使用时应在有效期内。

·除设计要求外，承力建筑钢结构构件上，不得采用熔焊连接固定电气线路、设备和器具的支架、螺栓等部件，且严禁热加工开孔。

·额定电压交流 1kV 及以下、直流 1.5kV 及以下的应为低压电器设备、器具和材料；额定电压大于交流 1kV、直流 1.5kV 的应为高压电器设备、器具和材料。

·电气设备上计量仪表和与电气保护有关的仪表应检定合格，当投入试运行时，应在有效期内。

·建筑电气动力工程的空载试运行和建筑电气照明工程的负荷试运行，应按本规范规定执行；建筑电气动力工程的负荷试运行，依据电气设备及相关建筑设备的种类、特性，编制试运行方案或作业指导书，并应经施工单位审查批准、监理单位确认后执行。

·动力和照明工程的漏电保护装置应做模拟动作试验。

·接地（PE）或接零（PEN）支线必须单独与接地（PE）或接零（PEN）干线相连接，不得串联连接。

·高压的电气设备和布线系统及继电保护系统的交接试验，必须符合现行国家标准《电气装置安装工程电气设备交接试验标准》（GB 50150）的规定。

·低压的电气设备和布线系统的交接试验，应符合相关规范的规定。

·送至建筑智能化工程变送器的电量信号精度等级应符合设计要求，状态信号应正确；接收建筑智能化工程的指令应使建筑电气工程的自动开关动作符合指令要求且手动、自动切换功能正常。

二、设备、材料进场验收

·主要设备、材料、成品和半成品进场检验结论应有记录，确认符合相关规范规定，才能在施工中应用。

·因有异议送有资质的试验室进行抽样检测，试验室应出具检测报告，确认符合相关规范和相关技术标准规定，才能在施工中应用。

·依法定程序批准进入市场的新电气设备、器具和材料进场验收，除符合相关规范规定外，还应提供安装、使用、维修和试验要求等技术工作。

·进口电气设备、器具和材料进场验收，除符合相关规范规定外，还应提供商检证明和中文的质量合格证明文件、规格、型号、性能检测报告以及中文的安装、使用、维修和试验要求等技术文件。

·经批准的免检产品或认定的名牌产品进场验收时宜不做抽样检测。

·变压器、箱式变电所、高压电器及电瓷制品应符合下列规定：

（1）查验合格证和随带技术文件，变压器有出厂试验记录；

（2）外观检查：有铭牌，附件齐全，绝缘件无缺损、裂纹，充油部分不渗漏，充气高压设备气压指示正常，涂层完整。

·高、低压成套配电柜、蓄电池柜、不间断电源柜、控制柜（屏、台）及动力、照明配电箱（盘）应符合下列规定：

（1）查验合格证和随带技术文件，实行生产许可证和安全认证制度的产品，有许可证编号和安全认证标志。不间断电源柜有出厂试验记录；

（2）外观检查：有铭牌，柜内元器件无损坏丢失、接线无脱落脱焊，蓄电池柜内电池壳体无碎裂、漏液，充油、充气设备无泄漏，涂层完整，无明显碰撞凹陷。

·柴油发电机组应符合下列规定：

（1）依据装箱单，核对主机、附件、专用工具、备品备件和随带技术文件，查验合格证和出厂试运行记录，发电机及其控制柜有出厂试验记录；

（2）外观检查：有铭牌，机身无缺件，涂层完整。

·电动机、电加热器、电动执行机构和低压开关设备等应符合下列规定：

（1）查验合格证和随带技术文件，实行生产许可证和安全认证制度的产品有许可证编号和安全认证标志；

（2）外观检查：有铭牌，附件齐全，电气接线端子完好，设备器件无缺损，涂层完整。

·照明灯具及其附件应符合下列规定：

（1）查验合格证，新型气体放电灯具有随带技术文件；

（2）外观检查：灯具涂层完整，无损伤，附件齐全。防爆灯具铭牌上有防爆标志和防爆合格证号，普通灯具有安全认证标志。

（3）对成套灯具的绝缘电阻、内部接线等性能进行现场抽样检测。灯具的绝缘电阻值不小于 2MΩ，内部接线为铜芯绝缘电线，芯线截面积不小于 0.2mm^2，橡胶或聚氯乙烯（PVC）绝缘电线的绝缘层厚度不小于 0.6mm。对游泳池和类似场所灯具（水下灯及防水灯具）的密闭和绝缘性能有异议时，按批抽样送有资质的试验室检测。

·开关、插座、接线盒和风扇及其附件应符合下列规定：

（1）查验合格证，防爆产品有防爆标志和防爆合格证号，实行安全认证制度的产品有安全认证标志；

（2）外观检查：开关、插座的面板及接线盒盒体完整、无碎裂、零件齐全，风扇无损坏，涂层完整，调速器等附件适配；

（3）对开关、插座的电气和机械性能进行现场抽样检测。检测规定如下：

·不同极性带电部件间的电气间隙和爬电距离不小于 3mm；

·绝缘电阻值不小于 5MΩ；

·用自攻锁紧螺钉或自切螺钉安装的，螺钉与软塑固定件旋合长度不小于 8mm，软塑固定件在经受 10 次拧紧退出试验后无松动或掉渣，螺钉及螺纹无损坏现象；

④金属间相旋合的螺钉螺母拧紧后完全退出，反复 5 次仍能正常使用。

（4）对开关、插座、接线盒及其面板等塑料绝缘材料阻燃性能有异议时，按批抽样送有资质的试验室检测。

·电线、电缆应符合下列规定：

（1）按批查验合格证，合格证有生产许可证编号，按《额定电压450/750V及以下聚氯乙烯绝缘电缆》（GB5023.1～5023.7）标准生产的产品有安全认证标志；

（2）外观检查：包装完好，抽检的电线绝缘层完整无损、厚度均匀。电缆无压扁、扭曲，铠装不松卷。耐热、阻燃的电线、电缆外护层有明显标识和制造厂标；

（3）按制造标准，现场抽样检测绝缘层厚度和圆形线芯的直径；线芯直径误差不大于标称直径的1%；常用的BV型绝缘电线的绝缘层厚度不小于表10－1的规定。

表10－1　BV型绝缘电线的绝缘层厚度

序号	1	2	3	4	5	6	7	8	9	10	11	12	13	14	15	16	17
电线芯线标称截面积（mm^2）	1.5	2.5	4	5	10	16	25	35	50	70	95	120	150	185	240	300	400
绝缘层厚度规定值（mm）	0.7	0.8	0.8	0.8	1.0	1.0	1.2	1.2	1.4	1.4	1.6	1.6	1.8	2.0	2.2	2.4	2.6

（4）对电线、电缆绝缘性能、导电性能和阻燃性能有异议时，按批抽样送有资质的试验室检测。

·导管应符合下列规定：

（1）按批查验合格证；

（2）外观检查：钢导管无压扁、内壁光滑。非镀锌钢导管无严重锈蚀，具表面按制定标准（油漆完整）出厂；镀锌钢导管镀层覆盖完整、表面无锈斑；绝缘导管及配件不碎裂、表面有阻燃标记和制造厂标；

（3）按制造标准现场抽样检测导管的管径、壁厚及均匀度。对绝缘导管及配件的阻燃性能有异议时，按批抽样送有资质的试验室检测。

·型钢和电焊条应符合下列规定：

（1）按批查验合格证和材质证明书，有异议时，按批抽样送有资质的试验室检测；

（2）外观检查：型钢表面无严重锈蚀，无过度扭曲、弯折变形；电焊条包装完整，拆包抽检，焊条尾部无锈斑。

·镀锌制品（支架、横担、接地极、避雷用型钢等）和外线金具应符合下列规定：

（1）按批查验合格证或镀锌厂出具的镀锌质量证明书；

（2）外观检查：镀锌层覆盖完整、表面无锈斑，金具配件齐全，无砂眼；

（3）对镀锌质量有异议时，按批抽样送有资质的试验室检测。

·电缆桥架、线槽应符合下列规定：

（1）查验合格证；

（2）外观检查：部件齐全，表面光滑、不变形；钢制桥架涂层完整，无锈蚀；玻璃钢制桥架色泽均匀，无破损碎裂；铝合金桥架涂层完整，无扭曲变形，无压扁，表面无划伤。

·封闭母线、插接母线应符合下列规定：

（1）查验合格证和随带安装技术文件；

（2）外观检查：防潮密封良好，各段编号标志清晰，附件齐全，外壳不变形，母线螺栓搭接面平整、镀层覆盖完整、无起皮和麻面；插接母线的静触头无缺损、表面光滑、镀层完整。

· 裸母线、裸导线应符合下列规定：

（1）查验合格证；

（2）外观检查：包装完好，裸母线平直，表面无明显划痕，测量厚度和宽度符合制造标准；裸导线表面无明显损伤，无松股、扭折和断股（线），测量导线直径符合制造标准。

· 电缆头部件及接线端子应符合下列规定：

（1）查验合格证；

（2）外观检查：部件齐全，表面无裂纹和气孔，随带的袋装涂料或填料不泄漏。

· 钢制灯柱应符合下列规定：

（1）按批查验合格证；

（2）外观检查：涂层完整，根部接线盒盒盖紧固件和内置熔断器、开关等器件齐全，盒盖密封垫片完整。钢柱内设有专用接地螺栓，地脚螺孔位置依据提供的附图尺寸，允许偏差为 ±2mm。

· 钢筋混凝土电杆和其他混凝土制品应符合下列规定：

（1）按批查验合格证；

（2）外观检查：表面平整，无缺角露筋，每个制品表面有合格印记；钢筋混凝土电杆表面光滑，无纵向、横向裂纹，杆身平直，弯曲不大于杆长的 1/1000。

三、工序交接确认

（一）架空线路及杆上电气设备安装程序

（1）线路方向和杆位及拉线坑位测量埋桩后，经检查确认，才能挖掘杆坑和拉线坑；

（2）杆坑、拉线坑的深度和坑型，经检查确认，才能立杆和埋设拉线盘；

（3）杆上高压电气设备交接试验合格，才能通电；

（4）架空线路做绝缘检查，且经单相冲击试验合格，才能通电；

（5）架空线路的相位经检查确认，才能与接户线连接。

（二）变压器、箱式变电所安装程序

（1）变压器、箱式变电所的基础验收合格，且对埋入基础的电线导管、电缆导管和变压器进、出线预留孔及相关预埋件进行检查，才能安装变压器、箱式变电所；

（2）杆上变压器的支架经紧固检查后，才能吊装变压器且就位固定；

（3）变压器及接地装置交接试验合格，才能通电。

（三）成套配电柜、控制柜（屏、台）和动力、照明配电箱（盘）安装程序

（1）埋设的基础型钢和柜、屏、台下的电线沟等相关建筑物检查合格，才能安装柜、屏、台；

（2）室内外落地动力配电箱的基础验收合格，且对埋入基础的电线导管、电缆导管进行检查后，才能安装箱体；

（3）墙上明装的动力、照明配电箱（盘）的预埋件（金属埋件、螺栓）在抹灰前预留和预埋；暗装的动力、照明配电箱的预留孔和动力、照明配线的线盒及电线导管等，经检查确认到位，才能安装配电箱（盘）；

（4）接地（PE）或接零（PEN）连接完成后，核对柜、屏、台、箱、盘内的元件规格、型号，且交接试验合格，才能投入试运行。

（四）绝缘电阻测试

低压电动机、电动热器及电动执行机构应与机构设备完成连接，绝缘电阻测试合格，经手动操作符合工艺要求，才能接线。

（五）柴油发电机组安装程序

（1）基础验收合格，才能安装机组；

（2）地脚螺栓固定的机组经初平、螺栓孔灌浆、精平、紧固地脚螺栓、二次灌浆等机构安装程序；安放式的机组将底部垫平、垫实；

（3）油、气、水冷、风冷、烟气排放等系统和隔振、防噪声设备安装完成；按设计要求配置的消防器材齐全到位；发电机静态试验、随机配电盘控制柜接线检查合格，才能空载试运行；

（4）发电机空载试运行和试验调整合格，才能负荷试运行；

（5）在规定时间内，连接无故障负荷运行合格，才能投入备用状态。

（六）不间断电源按产品技术要求试验调整，应检查确认，才能接至馈电网路

（七）低压电气动力设备试验和试运行程序

（1）设备的可接近裸露导体接地（PE）或接零（PEN）连接完成，经检查合格，才能进行试验；

（2）动力成套配电（控制）柜、屏、台、箱、盘的交流工频耐压试验、保护装置的动作试验合格，才能通电；

（3）控制回路模拟动作试验合格，盘车或手动操作、电气部分与机械部分的转动或动作协调一致，经检查确认，才能空载试运行。

（八）裸母线、封闭母线、插接式母线安装程序

（1）变压器、高低压成套配电柜、穿墙套管及绝缘子等安装就位，经检查合格，才能安装变压器和高低压成套配电柜的母线；

（2）封闭、插接式母线安装，在结构封顶、室内底层地面施工完成或已复核地面标高、场地清理、层间距离后，才能确定支架设置位置；

（3）与封闭、插接式母线安装位置有关的管道、空调及建筑装修工程施工基本结束，确认扫尾施工不会影响已安装的母线，才能安装母线；

（4）封闭、插接式母线与每段母线组装正确连接之前，绝缘电阻测试合格，绝缘电阻值大于20MΩ，才能安装组对；

（5）母线支架和封闭、插接式母线的外壳接地（PE）或接零（PEN）连接完成，母线绝缘电阻测试和交流工频耐压试验合格，才能通电。

（九）电缆桥架安装和桥架内电缆敷设程序

（1）测量定位，安装桥架的支架经检查确认才能安装；

（2）桥架安装检查合格，才能敷设电缆；

（3）电缆敷设前绝缘测试合格，才能敷设；

（4）电缆电气交接试验合格，且对接线去向、相位和防火隔堵措施等经检查确认，才能通电。

（十）电缆在沟内、竖井内支架上敷设程序

（1）电缆沟、电缆竖井内的施工临时设施、模板及建筑废料等清除、测量定位后，才能安装支架；

（2）电缆沟、电缆竖井内支架安装及电缆导管敷设结束，接地（PE）或接零（PEN）连接完成，经检查确认，才能敷设电缆；

（3）电缆敷设前绝缘测试合格，才能敷设；

（4）电缆交接试验合格，且对接线去向、相位和防火隔堵措施等经检查确认，才能通电。

（十一）电线导管、电缆导管和线槽敷设程序

（1）除埋入混凝土中的非镀锌钢导管外壁不做防腐处理外，其他场所的非镀锌钢导管内外壁均做防腐处理，经检查确认，才能配管；

（2）室外直埋导管的路径，沟槽深度、宽度及垫层处理，经检查确认，才能埋设导管；

（3）现浇混凝土板内配管在底层钢筋绑扎完成、上层钢筋未绑扎前敷设，且经检查确认，才能绑扎上层钢筋和浇捣混凝土；

（4）现浇混凝土墙体内的钢筋网片绑扎完成，门、窗等位置已放线，经检查确认，才能在墙体内配管；

（5）被隐蔽的接线盒和导管在隐蔽前检查合格，才能隐蔽；

（6）在梁、板、柱等部位明配管的导管套管、埋件、支架等检查合格，才能配管；

（7）吊顶上的灯位及电气器具位置先放样，且与土建及各专业施工单位商定，才能在吊顶内配管；

（8）顶棚和墙面的喷浆、油漆或壁纸等基本完成，才能敷设线槽、槽板。

（十二）电线、电缆穿管及线槽敷线程序

（1）接地（PE）或接零（PEN）及其他焊接施工完成，经检查确认，才能穿入电线或电缆以及线槽内敷线；

（2）与导管连接的柜、屏、台、箱、盘安装完成，管内积水及杂物清理干净，经检查确认，才能穿入电线、电缆；

（3）电缆穿管前绝缘测试合格，才能穿入导管；

（4）电线、电缆交接试验合格，且对接线去向和相位等经检查确认，才能通电。

（十三）吊装钢索，敷设线路

钢索配管的预埋件及预留孔，应预埋、预留完成；装修工程除地面外基本结束，才能吊装钢索及敷设线路。

（十四）电缆头制作和接线程序

（1）电缆连接位置、连接长度和绝缘测试经检查确认，才能制作电缆头；

（2）控制电缆绝缘电阻测试和校对合格，才能接线。

（十五）照明灯具安装程序

（1）安装灯具的预埋螺栓、吊杆和吊顶上嵌入式灯具安装专用骨架等完成，按设计要求做承载试验合格，才能安装灯具；

（2）影响灯具安装的模板、脚手架拆除，顶棚和墙面喷浆、油漆或壁纸等及地面清理工作基本完成后，才能安装灯具；

（3）导线绝缘测试合格，才能灯具接线；

（4）高空安装的灯具，地面通、断电试验合格，才能安装。

（十六）安装开关、插座和风扇

照明开关、插座、风扇安装；吊扇的吊钩预埋完成；电线绝缘测试应合格，顶棚和墙面的喷浆、油漆或壁纸等应基本完成，才能安装开关、插座和风扇。

（十七）照明系统的测试和通电试运行程序

（1）电线绝缘电阻测试前电线的接续完成；

（2）照明箱（盘）、灯具、开关、插座的绝缘电阻测试在就位前或接线前完成；

（3）备用电源或事故照明电源作空载自动投切试验前拆除负荷，空载自动投切试验合格，才能做有载自动投切试验；

（4）电气器具及线路绝缘电阻测试合格，才能通电试验；

（5）照明全负荷试验必须在本条以上程序完成后进行。

（十八）接地装置安装程序

（1）建筑物基础接地体：底板钢筋敷设完成，按设计要求做接地施工，经检查确认，才能支模或浇捣混凝土；

（2）人工接地体：按设计要求位置开挖沟槽，经检查确认，才能打入接地体和敷设地区接地干线；

（3）接地模板：按设计位置开挖模块坑，并将地下接地干线引到模块上，经检查确认，才能相互焊接；

（4）装置隐蔽：检查验收合格，才能覆土回填。

（十九）引下线安装程序

（1）利用建筑物柱内主筋作引下线，在柱内主筋绑扎后，按设计要求施工，经检查确认，才能支模；

（2）直接从基础接地体或人工接地体暗敷入粉刷层内的引下线，经检查确认不外露，才能贴面砖或刷涂料等；

（3）直接从基础接地体或人工接地体引出明敷的引下线，先埋设或安装支架，经检查确认，才能敷设引下线。

（二十）等电位联结程序

（1）总等联结：对可作导电接地体的金属管道入户处和供总等电位联结的接地干线的位置检查确认，才能安装焊接总等电位联结端子板，按设计要求做总等电位联结；

（2）辅助等电位联结：检查确认供辅助等电位联结的接地母线位置，之后才能安装焊接辅助等电位联结端子板，按设计要求做辅助等电位联结；

（3）对特殊要求的建筑金属屏蔽网箱，网箱施工完成，经检查确认，才能与接地线连接。

（二十一）接闪器安装

接地装置和引下线应施工完成才能安装接闪器，且与引下线连接。

（二十二）防雷接地系统测试

接地装置施工完成测试应合格；避雷接闪器安装完成，整个防雷接地系统连成回路，才能系统测试。

四、分部（子分部）工程验收

（一）当对建筑电气分部工程施工质量检验时，检验批的划分应符合的规定

· 室外电气安装工程中分项工程的检验批，依据庭院大小、投运时间先后、功能区块不同划分；

· 变配电室安装工程中分项工程的检验批，主变配电室为 1 个检验批；有数个分变配电室且不属于子单位工程的子分部工程，各为 1 个检验批，其验收记录汇入所有变配电室有关分项工程的验收记录中；如各分变配电室属于各子单位工程的子分部工程，所属分项工程各为 1 个检验批，其验收记录应为一个分项工程验收记录，经子分部工程验收记录汇入分部工程验收记录中；

· 供电干线安装工程分项工程的检验批，依据供电区段和电气线缆竖井的编号划分；

· 电气动力和电气照明安装工程中分项工程及建筑物等电位联结分项工程的检验批，其划分的界区，应与建筑土建工程一致；

· 备用和不间断电源安装工程中分项工程各自为 1 个检验批；

· 防雷及接地装置安装工程中分项工程检验批：人工接地装置和利用建筑物基础钢筋的接地体各为 1 个检验批，大型基础可按区块划分成几个检验批；避雷引下线安装 6 层以下的建筑为 1 个检验批，高层建筑依均压环设置间隔的层数为 1 个检验批；接闪器安装于同一屋面的为 1 个检验批。

（二）验收建筑电气工程时的核查项目

当验收建筑电气工程时，应核查下列各项质量控制资料，且分项工程质量验收记录和分部（子分部）质量验收记录应正确，责任单位和责任人的签章齐全。

· 建筑电气工程施工图设计文件和图纸会审记录及洽商记录；

· 主要设备、器具、材料的合格证和进场验收记录；

· 隐蔽工程记录；

· 电气设备交接试验记录；

· 接地电阻、绝缘电阻测试记录；

· 空载试运行和负荷试运行记录；

· 建筑照明通电试运行记录；

· 工序交接合格等施工安装记录。

（三）根据单位工程实际情况，检查建筑电气分部（子分部）工程所含分项工程的质量验收记录有无遗漏、缺项

（四）当单位工程质量验收时，建筑电气分部（子分部）工程实物质量的抽检部位如下，且抽检结果应符合相关规范规定

·大型公用建筑的变配电室，技术层的动力工程，供电干线的竖井，建筑顶部的防雷工程，重要的或大面积活动场所的照明工程，以及5%自然间的建筑电气动力、照明工程；

·一般民用建筑的配电室和5%自然间的建筑电气照明工程以及建筑顶部的防雷工程；

·室外电气工程以变配电室为主且抽检各类灯具的5%。

（五）各类技术资料应齐全，且符合工序要求，有可追溯性；各责任人均应签章确认

（六）为方便检测验收，高低压配电装置的调整试验应提前通知监理和有关监督部门，实行旁站确认

变配电室通电后可抽测的项目主要是：各类电源自动切换或通断装置、馈电线路的绝缘电阻、接地（PE）或接零（PEN）的导通状态、开关插座的接线正确性、漏电保护装置的动作电流和时间、接地装置的接地电阻和由照明设计确定的照度等。抽测的结果应符合相关规范规定和设计要求。

（七）检验方法应符合下列规定

·电气设备、电缆和继电保护系统的调整试验结果，查阅试验记录或试验时旁站；

·空载试运行和负荷试运行结果，查阅试运行记录或试运行时旁站；

·绝缘电阻、接地电阻和接地（PE）或接零（PEN）导通状态及插座接线正确性的测试结果，查阅测试记录或测试时旁站，用适配仪表进行抽测；

·漏电保护装置动作数据值，查阅测试记录或用适配仪表进行抽测；

·负荷试运行时大电流节点温升测量用红外线遥测温度仪抽测或查阅负荷试运行记录；

·螺栓紧固程度用适配工具做拧动试验；有最终拧紧力矩要求的螺栓用扭力扳手抽测；

·需做吊芯、抽芯检查的变压器和大型电动机、吊芯、抽芯时旁站或查阅吊芯、抽芯记录；

·需做动作试验的电气装置，高压部分不应带电试验，低压部分无负荷试验；

·水平度用铁水平尺测量，垂直度用线锤吊线尺量，盘面平整度用拉线尺量，各种距离的尺寸用塞尺、游标卡尺、钢尺、塔尺或采用其他仪器仪表等测量；

·外观质量情况目测检查；

·设备规格型号、标志及接线，对照工程设计图纸及其变更文件检查。

章节小结

本模块主要介绍质量控制的含义、原则，质量控制的阶段及方法以及电气工程质量验收的一般规定，材料和设备进场的验收规定，工序交接的确认及分部（子分部）工程验收的相关要求。

模块十一　电气设备检测

学习目标

1. 了解变压器的安装要求；

2. 掌握油浸式变压器、干式变压器的直观检查和仪器检测方法；

3. 掌握高压开关、断路器、高压熔断器、互感器、高压电容器等高压设备的直观检查和仪器检测方法；

4. 掌握低压配电装置的直观检查和仪器检测方法。

项目一　变压器检测

一、变压器的安装要求

（一）主控项目

· 变压器的安装应位置正确、附件齐全，油浸变压器油位正常，无渗油现象。

· 接地装置引出的接地干线与变压器的低压侧中性点直接连接；接地干线与箱式变电所的 N 母线和 PE 母线直接连接；变压器箱体、干式变压器的支架或外壳应接地（PE）。所有连接应可靠，紧固件及防松零件齐全。

· 变压器必须按现行国家标准《电气装置安装工程电气设备交接试验标准》（GB50150）的规定交接试验合格。

· 箱式变电所及落地式配电箱的基础应高于室外地秤，周围排水通畅。用地脚螺栓固定的螺帽齐全、拧紧牢固；自由安放的应垫平放正。金属箱式变电所及落地式配电箱，箱体接地（PE）或接零（PEN）可靠，且有标识。

· 箱式变电所的交接试验，必须符合下列规定：

（1）由高压成套开关柜、低压成套开关柜和变压器三个独立单元组合成的箱式变电所高压电气设备部分，按现行国家标准《电气装置安装工程电气设备交接试验标准》（GB50150）的规定交接试验合格。

（2）高压开关、熔断器等与变压器组合在同一个密闭油箱内的箱式变电所，交接试验按产品提供的技术文件要求执行。

（3）低压成套配电柜交接试验符合以下规定：

· 每路配电开关及保护装置的规格、型号应符合设计要求；

· 相间和相对地间的绝缘电阻值应大于 0.5MΩ；

· 电气装置的交流工频耐压试验电压为 1kV，当绝缘电阻值大于 10MΩ 时，可采用 2500V 兆欧表摇测替代，试验持续时间 1min，无击穿闪络现象。

（二）一般项目

· 有载调压开关的传动部分润滑应良好，动作灵活，点动给定位置与开关实际位置一致，自动调节符合产品的技术文件要求。

· 绝缘件应无裂纹、缺损和瓷件瓷釉损坏等缺陷，外表清洁，测温仪表指示准确。

· 装有滚轮的变压器就位后，应将滚轮用能拆卸的制动部件固定。

· 变压器应按产品技术文件要求检查器身，当满足下列条件之一时，可不检查器身：制造厂规定不检查器身者；就地生产仅做短途运输的变压器且在运输过程中保持有效监督，无紧急制动、剧烈振动、冲撞或严重颠簸等异常情况者。

· 箱式变电所内外涂层完整、无损伤，有通风口的风口防护网完好。

· 箱式变电所的高低压柜内部接线完整，低压每个输出回路标记清晰，回路名称准确。

· 装有气体继电器的变压器顶盖，沿气体继电器的气流方向有 1.0% ~1.5% 的升高坡度。

二、油浸式变压器检测

（一）一般要求

1. 室内安装可燃油浸式变压器应符合的防火规定

（1）变压器室通往其他配电装置的电缆贯穿的隔墙、孔洞及电缆构筑物的开孔部位均应实施防火封堵。

（2）变压器室、配电装置室、高压电容器室应设置防止鸟、蛇、鼠类等小动物从采光窗、通风窗、门、电缆沟道等进入室内的设施。

2. 变压器室内不应堆放可燃物及杂物

3. 接地电阻测量规定

（1）建筑物内设有变电所，电气装置的系统接地和保护接地应通过总等电位联结共同接地；建筑物内采用 TN－S 系统，可不检测接地电阻值。

（2）当 10kV 网络为不接地系统时，变电所的接地电阻不应大于 4Ω。

（3）当变电所以 TT 系统给其他建筑物供电时，变压器高压侧为经小电阻接地系统，10kV 系统在变电所内的接地故障电流 I_d 和变电所接地电阻 R_B 的乘积应符合下式要求：

$$I_d R_B \leq 1200V$$

（4）当不能满足上述第 3 项要求时，可将变电所设备外壳的保护接地和低压中性点的系统接地分开设置。保护接地电阻不宜大于 10Ω，低压中性点系统接地电阻不宜大于 4Ω。

（二）直观检查

油浸式变压器应符合下列要求：

· 各部位无渗、漏油现象。

· 储油柜的油位与温度相对应。

· 变压器引线接头、电缆、母线应无过热痕迹。

· 套管、绝缘子无火花放电痕迹，无破损、裂纹、积污现象。

· 吸湿器完好，吸附剂干燥无变色现象。

· 声响正常。

（三）仪器检测

油浸式变压器仪器检测要求如下：

· 测试环境温度。油浸式变压器室温不宜超过 45℃。

· 测试各部位电气连接点（含端子）、引线接点、电缆终端头温度。高压部分不应超过表 11－1 中规定数值，低压部分不应超过表 11－2 或表 11－3 中的数值。

· 测量变压器顶层油温，一般不宜超过 85℃。

· 探测各种电气连接点、绝缘子、套管、电缆终端头、箱体等处的火花放电及其他异常声音。

· 测量变压器低压侧各相线电流和中性线电流。如果中性线电流等于或大于相线电流，应测量相线谐波电流和中性线谐波电流，最高测量到 9 次谐波，电流总谐波畸变率（THDi）参照 GB/T14549 规定。

· 测量次级电压。

· 在 TN、TT 系统中，当三相变压器为 Y，yn0 结线组别时，中性线电流不得超过低压绕组额定电流真有效值的 25%，且一相线电流在满载时不得超过额定电流值。

· 当三相变压器为 D，yn11 结线组别时，中性线电流真有效值应不大于低压绕组额定电流。

表 11－1　交流高压电触头及导体连接端子在空气中最高允许温度及允许温升值

部位		最高允许温度（℃）	周围空气温度为 40℃的允许温升（K）
触头	裸铜、裸铜合金	75	35
	镀锡	90	50
	镀银或镀镍	105	65
外部导体连接的端子和导体连接的结合部分	裸铜、裸铜合金	90	50
	裸铝、裸铝合金	90	50
	镀（搪）锡或镀银	105	65

表 11－2　油浸式或干式电压互感器的允许温度及允许温升值

<table>
<tr><th>类别</th><th colspan="3">项目</th><th>最高允许温度（℃）</th><th>环境温度 40℃时的温升极限（K）</th></tr>
<tr><td rowspan="7">绕组</td><td colspan="3">油浸式</td><td>95</td><td>55</td></tr>
<tr><td colspan="3">油浸式全封闭</td><td>105</td><td>60</td></tr>
<tr><td rowspan="5">干式</td><td rowspan="5">绝缘耐热等级</td><td>A 级</td><td>105</td><td>55</td></tr>
<tr><td>E 级</td><td>120</td><td>75</td></tr>
<tr><td>B 级</td><td>130</td><td>85</td></tr>
<tr><td>F 级</td><td>155</td><td>110</td></tr>
<tr><td>H 级</td><td>180</td><td>135</td></tr>
<tr><td rowspan="2">油浸式油顶</td><td colspan="3">一般情况</td><td>90</td><td>50</td></tr>
<tr><td colspan="3">油面上充有惰性气体</td><td>95</td><td>55</td></tr>
<tr><td colspan="4">铁及其他金属结构零件表面</td><td>——</td><td>不得超过接触或邻近绝缘材料的温升极限</td></tr>
</table>

表 11－3　低压电器与外部连接的连接端子的允许温升值

接线端子材料	周围空气温度为 40℃的允许温升（K）
裸铜	60
裸黄铜	65
铜（或黄铜）镀锡	65
铜（或黄铜）镀银或镀锡	70
注：低压配电室的最高温度不应超过 40℃	

三、干式变压器检测

（一）直观检查

干式变压器应符合下列要求：

·变压器室内不应堆放可燃物及杂物。

·变压器与低压配电柜并列安装时其外壳的防护等级应不低于 IP3X，分列安装时应不低于 IP2X。IP 防护等级划分按照相关规定执行。

·套管、绝缘子外部无破损、裂纹及严重积污。

·铁芯、套管表面无火花放电痕迹。

·变压器引线接头、电缆、母线应无过热及火花放电痕迹。

·变压器声响正常。

·冷却装置运行正常。

（二）仪器检测

仪器检测要求如下：

·干式变压器仪器检测按照油浸式变压器检测方法中第三条以外的所有规定执行。

· 干式变压器的最高允许温度不应超过表 11 －4 中规定的最高允许温度值。

表 11 －4　干式电力变压器最高允许温度值

<table>
<tr><td colspan="2">绝缘耐温等级（℃）</td><td>105（A）</td><td>120（E）</td><td>130（B）</td><td>155（F）</td><td>180（H）</td><td>220（C）</td></tr>
<tr><td colspan="2">额定电流下绕组平均温升限值（K）</td><td>60</td><td>75</td><td>80</td><td>100</td><td>125</td><td>150</td></tr>
<tr><td colspan="2">参考温度（℃）</td><td>80</td><td>95</td><td>100</td><td>120</td><td>145</td><td>170</td></tr>
<tr><td rowspan="2">绕组热点温度（℃）</td><td>额定值</td><td>95</td><td>110</td><td>120</td><td>145</td><td>175</td><td>210</td></tr>
<tr><td>最高允许值</td><td>140</td><td>155</td><td>165</td><td>190</td><td>220</td><td>250</td></tr>
</table>

项目二　高、低压配电装置

一、高压设备检测

（一）高压设备的一般安装要求

配电装置内的高压电器，应符合国家现行的技术标准，并满足下列要求：

· 额定电压与所在回路的标称电压相适应。

· 额定电流不应小于所在回路的实际负载电流。

· 额定频率应与所在回路的频率相适应。

· 应适应所在场所的环境条件。

· 周围不应放置可燃物或其他杂物。

（二）高压开关和断路器

1. 直观检查

高压开关和断路器应符合下列要求：

· 在同一变电所内，当配电变压器为干式、气体绝缘式或非可燃性液体绝缘的变压器时，不应采用少油断路器保护。

· 绝缘子、套管应无损伤和裂纹。

· 动静触头接触应良好，连接部位的连接应牢固可靠。

· 运行中无异常声响和气味。

· 负荷开关的灭弧罩应完好无损。

· 少油断路器的油色、油位应正常，无渗、漏油现象。

· 真空断路器的灭弧装置应完好无损。

2. 仪器检测

高压开关和断路器仪器的检测项目：

（1）测试温度值不应超过表 11 －1 中规定的值，测试项目包括：

①母线间相互连接点的温度。

②开关和断路器动、静触头温度。

③接线端子的温度。

④电缆头温度。

（2）绝缘子、套管、带电体对地的火花放电探测。

（三）高压熔断器

1. 直观检查

高压熔断器应符合下列要求：

· 保护级别应符合原设计要求。

· 绝缘子、套管应完好无损。

· 动、静触头间接触良好。

· 熔体管无损伤、变形、开裂现象。

· 各连接部位应牢固可靠。

· 运行中无异常声响和气味。

2. 仪器检测

高压熔断器仪器检测项目：

· 各连接点，接线端子，动、静触头的温度测试，其温度值不应超过表 11－1 中规定的温度值。

· 各绝缘子、套管和带电体对地火花放电探测。

（四）互感器

1. 直观检查

互感器应符合下列要求：

· 电压、电流表、信号装置指示正常。

· 绝缘子、套管完好无损。

· 电流互感器二次侧不开路。

· 油浸式互感器的油色、油位正常，无渗漏现象。

· 各连接部位牢固可靠。

· 运行中无异常声响和气味。

2. 仪器检测

互感器仪器检测项目：

（1）接地电阻的测试，以下接地电阻应小于 4Ω。

①分级绝缘电压互感器，其一次绕阻接地引出端子的接地电阻测试。

②电容式绝缘电流互感器，其一次绕组末屏的引出端子、铁芯引出的接地端子的接地电阻测试。

③倒装式电流互感器二次绕组的金属导管接地电阻测试。

（2）高压互感器绕组出头和连接端子温度测试，其值不应超过表 11－1 中的规定值。

（3）电压互感器的绕组温度测试，其值不应超过表 11－2 中的规定值。

（4）高压互感器的绝缘子、套管、导电体对地（外壳）火花放电测试。

（五）高压电容器

1. 一般要求

高压电容器应符合国家现行的技术标准，并满足下列要求：

· 民用建筑内的变电所设置高压电容器时，应采用难燃介质、材料制成的电容器。当受条件限制必须设置可燃油浸式变压器时方可采用油浸式电容器。

· 电容器的额定电压与电力网的标称电压相同时，应将电容器的外壳和支架接地。

· 当电容器的额定电压低于电力网的标称电压时，应将每相电容器的支架绝缘；当电容器额定电压大于网络标称电压 1.1 倍时，其绝缘等级应和电力网的标称电压相配合。

· 高压电容器组应直接与放电装置可靠连接，中间不应设置开关或熔断器。

2. 直观检查

高压电容器应符合下列要求：

· 油色、油位正常，无渗漏现象。

· 各连接部位牢固可靠。

· 油箱外壳完好无损。

· 电容器组运行时，无异常声响和气味。

3. 仪器检测

高压电容器仪器检测项目：

· 高压电容器组在运行中，检测连接端子温度，其值不应超过表 11－1 中的规定值。

· 检测电容器运行电流（包括谐波电流）。

· 探测绝缘子、套管、电极间的火花放电现象。

· 记录功率因数值。

二、低压配电装置检测

（一）一般要求

低压配电装置应符合国家现行的技术标准并满足下列要求：

· 绝缘导线穿越金属构件时，应有不被损伤的保护措施。

· 连接到发热元件（如管形电阻）上的绝缘导线，应采取隔热措施。

· 同一端子上导线连接不多于 2 根，防松垫圈等零件齐全。

· 接线应采用铜质或有电镀金属层防锈的螺栓和螺钉连接，连接应牢固，要有防松动的装置。

· 金属外壳、框架应接零（PEN）或接地（PE）。

· 熔断器应采用有关规定的标准熔体。

（二）直观检查

低压配电装置应符合下列要求：

· 测量、计量仪表指示应正常。

· 导线绝缘应无老化、腐蚀和损伤痕迹。

· 各部位连接点应无过热、锈蚀、烧伤、熔接等痕迹。

· 套管、绝缘子应无破损、裂纹、放电痕迹。

· 灭弧装置，如灭弧栅、灭弧触头、灭弧罩、灭弧用的绝缘板应完好无损。

· 电磁式电器应无异常声响。

（三）仪器检测

低压配电装置仪器检测项目：

· 测量母线的连接点、分支接点、接线端子的温度，允许温升值应不大于表11－3和表11－5中的规定。

· 测量刀开关触头、熔断器触头、电缆终端头的温度，允许温升值应不大于表11－3和表11－5中的规定。

· 记录仪表上各相线电流。测量电流要求如下：

①测量中性线（N线）和保护地线（PE线）的异常电流。

②测量各分支回路的相线电流。

③当中性线电流等于或大于相线电流时，应测量相线、中性线上的谐波电流，最高测量到9次谐波，电流总谐波畸变率（THDi）参照GB/T14549规定。

· 探测各连接点及对地的火花放电声音和位置。

表11－5　交流低压母线装置各部位的允许温升值

部位	周围空气温度为40℃的允许温升（K）
母线上的插接式触点	——
铜母线	60
镀锡铝母线	55
母线相互连接处	——
铜—铜	50
铜搪锡—铜搪锡	60
铜镀银—铜镀银	80
铝搪锡—铝搪锡	55
铝搪锡—铜搪锡	55
注：低压配电室的最高温度不应超过40℃	

章节小结

本模块主要介绍了电气设备检测方法。电气设备主要包括变压器、高压设备、低压配电装置。模块主要介绍了油浸式变压器和干式变压器的检测方式。本模块介绍了不同电气设备的安装要求，然后根据安装要求采用直观检查和仪器检测两种方式进行电气设备的检测。

模块十二　电气线路检测

学习目标

1. 掌握低压配电线路检测通用要求；
2. 掌握室内配线的检测方法；
3. 掌握导线、器具连接的检测方法；
4. 掌握开关、插座线路的检测方法；
5. 掌握电力电缆线路的检测方法；
6. 掌握低压电器的检测方法。

项目一　低压配电线路检测通用要求

一、环境条件和敷设方式

·民用建筑宜采用铜芯电线或电缆。

·在一般工程的室内正常条件下，可选用聚氯乙烯绝缘电线或聚氯乙烯绝缘聚氯乙烯护套的电缆，也可选用交联聚乙烯绝缘电力电缆和电线。

·绝缘导体的工作电压，对室内敷设的塑料绝缘电线不应低于0.45/0.75kV，对电力电缆不应低于0.6/1.0kV。

二、截面积要求

配电线路按敷设方式、环境条件确定的导体最小截面应满足机械强度的要求，且每一相导体截面积不应小于表12－1的规定。

表12－1　导体最小允许截面积

布线系统形式	线路用途	导体最小截面积（mm^2）	
		铜	铝
固定敷设的电缆和绝缘电线	电力和照明线路	1.5	2.5
	信号和控制线路	0.5	——
固定敷设的裸导体	电力（供电）线路	10	16
	信号和控制线路	4	——

续表

布线系统形式	线路用途	导体最小截面积（mm^2）	
		铜	铝
用绝缘电线和电缆的柔性连接	任何用途	0.75	——
	特殊用途的特低电压	0.75	——

特低电压（ELV）可分为安全特低电压（SELV）和保护特低电压（PELV）。特低电压的额定电压不应超过交流50V且电压限值不应超过GB/ T 18379—2001中区段Ⅰ限值的规定。

三、电管敷设

电线管与热水管、蒸汽管、水管等管道相互接近时敷设的要求如下：

· 电线管与热水管、蒸汽管同侧敷设时，宜敷设在热水管、蒸汽管的下面。平行敷设在热水管、蒸汽管下面的相互间的净距分别不宜小于0.2m和0.5m。

· 当电线管敷设在热水管、蒸汽管的下面有困难时，平行敷设在热水管、蒸汽管上面的相互间的净距分别不宜小于0.3m和1m。

· 电线管与热水管、蒸汽管上或下的交叉净距分别不宜小于0.1m和0.3m。

· 当电线管敷设在热水管、蒸汽管的下面或上面的相互间的净距都不能满足上述要求时，应采取隔热措施。对有保温措施的蒸汽管道，其净距可减至0.2m。

· 电线管不应与可燃气体及易燃、可燃液体管道相互接近敷设。

· 电线管与除热水管、蒸汽管、水管及所涉及管道以外的其他管道平行、交叉净距不应小于0.1m和0.05m。

四、电线、电缆

电线、电缆在室内直敷时，水平敷设至地面的距离不应小于2.5m，垂直敷设至地面低于1.8m的部分应穿管保护。

五、相与相

电线相与相以及相对地之间的绝缘电阻值不应低于0.5MΩ。导体绝缘层不应有机械损伤痕迹和变色、脆裂、炭化现象。

六、配电线路的接地保护

配电线路应根据不同故障类别和具体工程要求装设短路保护、过负载保护、接地故障保护等，以作用于切断供电电源或发出报警信号。

七、闷顶内敷设

配电线路敷设在有可燃物的闷顶内时，应采取穿金属管等防火保护措施。敷设在有可燃物的吊顶内时，宜采取穿金属管、采用封闭式金属线槽或难燃材料的塑料管等防火保护措施。

八、中性线

在两相三线或三相四线制配电线路中，中性线（N 线）或保护中性线（PEN 线）截面应符合下列要求：

·当用电负荷大部分为单相负荷或三相电流严重不平衡时，其 N 线或 PEN 线截面不宜小于相线截面。

·以气体放电灯为主要负荷的回路，其 N 线截面不应小于相线截面。

·向可控硅调光或计算机负荷供电的两相三线或三相四线制配电线路，其 N 线或 PEN 线截面不应小于相线截面的两倍。

九、PEN 导体

TN－C、TN－C－S 系统的 PEN 导体，必须有耐受最高电压的绝缘；TN－C 系统，不应断开 PEN 导体，不得装设断开 PEN 导体的电器；TN－C－S 系统的 PEN 导体从某点分为中性导体和保护导体后，不得再将这些导体连接，而且外界可导电部分不应用作 PEN 导体。

十、其他注意事项

配电线路不得穿越通风管道内腔或敷设在通风管道外壁上，穿金属管保护的配电线路可紧贴通风管外壁敷设。

·明敷线路的导线与导线、导线与其他管线交叉或穿越建筑物时，均应穿绝缘套管。

·导线芯线、导线连接点、导线与接线端子连接处的长期工作最高允许温度应符合表 12－2 的规定。

表 12－2　导线芯线长期工作最高允许温度

类型	长期工作最高允许温度（℃）
聚氯乙烯绝缘导线	70
橡皮绝缘导线	65

·导线连接应牢固可靠、接触良好，且连接点和接线端子不应有打火放电现象。

·配电线路及设备外露可导电部分的接地、建筑物内导电体（如水管等）的等电位联结应连接牢固可靠、接触良好。

·当配电系统的管道、电缆盒（槽）、母线、绝缘母线槽穿过有特殊防火要求的建筑构件（如地板、墙壁、屋顶、天花板、隔墙留下的孔穴等）时应按建筑构件原有防火等级进行封堵。

项目二　室内配线检测

一、直观检查

（一）金属导管配线应符合的要求

· 闷顶内有可燃物时，其配电线路应穿金属导管保护。

· 电线穿入金属导管时，管口处应装设护线套保护，不进入接线盒（箱）的垂直管口穿入导线后，管口应密封。

· 在严重腐蚀性场所（如酸、碱和具有腐蚀性的化学气体），不宜采用金属导管配线。

· 金属导管进入接线盒、灯头盒、开关盒等处应符合下列规定：

①明敷金属导管应加锁母和护口，多尘、潮湿场所外侧应加橡皮垫圈。

②有震动的地方和有人进入的木结构闷顶内的管路，入盒时应加锁母，防止管口脱离损伤电线。

③接线盒、灯头盒、开关盒的敲落孔，除敲落实装管孔外，其他备用的不应敲掉。

④金属导管应有可靠接地。

（二）刚性塑料导管配线应符合的要求

· 闷顶内无可燃物时，其配电线路可穿难燃型硬质塑料管保护。

· 塑料导管具有防酸碱腐蚀性能，但不宜明敷在高温和易受机械损伤的场所。

· 穿入塑料导管绝缘电线（除两根外）的包括外护层在一起的总截面积，不应超过导管内总面积的40%，以利散热；不得有受硬拉和挤压、损坏、绝缘现象。

· 塑料导管管口平整光滑，管与管、管与盒（箱）等器件插入连接处，接口牢固密封，导线不得有外露现象。

（三）护套绝缘电线配线应符合的要求

· 护套绝缘电线不应直接敷设在建筑物顶棚内及其抹灰层、灰幔角落和墙体、保温层及装饰面板内。

· 护套绝缘电线与接地导体或不发热管道等紧贴交叉处应加绝缘保护导管。

· 护套绝缘电线进入接线盒（箱）或与设备、器具连接时，护套层应引入接线盒（箱）或设备、器具内。

· 柜台、货架和展柜等处的配线宜用护套绝缘电线明敷，但应平直、固定牢固，护套层不得破损。

· 护套绝缘电线敷设在易受机械损伤的场所时，应采用刚性阻燃塑料导管、塑料槽板或金属导管保护。

（四）金属、塑料线槽配线应符合的要求

· 金属线槽宜敷设在正常环境的室内，当敷设在有腐蚀气体、热力管道上方以及腐蚀性液体管道下方时，应采取防腐、隔热措施。

· 金属线槽在建筑顶棚内敷设时，应采用具有槽盖的封闭式金属线槽。

·电线、电缆在金属（塑料）线槽内，应留有一定余量，绑扎牢固，不得有接头，分支接头应设在接线盒内，但接头总截面不应超过该点线槽截面的75%，以防止槽盖挤压绝缘层。

·塑料线槽必须具有阻燃性能。

·线槽不得在穿过楼板或墙体等易受机械损伤的地方连接。

·金属线槽必须可靠接地，但金属外壳不应作为设备的接地线。

（五）瓷（塑料）夹、瓷柱、瓷瓶配线应符合的要求

·瓷（塑料）夹配线一般适用于正常环境的室内场所和挑檐下的室外场所，瓷柱、瓷瓶配线一般适用于室内外场所。

·在闷顶内不应采用瓷（塑料）夹、瓷柱、瓷瓶配线。

·绝缘导线交叉时，交叉点应穿绝缘管并加支持物予以固定。

·绝缘导线的绑扎线应有绝缘层，绑扎时不得损伤绝缘导线的绝缘层。

·瓷（塑料）夹、瓷柱或瓷瓶应完好无损，表面清洁，安装牢固可靠。

·绝缘电线明敷在高温辐射或对绝缘有腐蚀的场所时，电线间及电线至建筑物表面最小净距应符合表12－3的规定。

表12－3　高温或腐蚀性场所电线间及电线至建筑物表面最小净距

电线固定点间距L（m）	最小净距（mm）
L≤2	75
2≤L≤4	100
4≤L≤6	150
6≤L≤10	200

（六）可挠性金属管和柔性金属管配线应符合的要求

·敷设在多尘或潮湿场所的可挠性金属保护管，管口及其各连接处均应密封严实。

·可挠性金属管在有可能承受重物压力或明显机械冲击处，应采取保护措施。

·可挠性金属管或柔性金属管与管、盒（箱）、器具连接时，应采用专用卡箍连接。

·可挠性金属管、盒（箱）连接处，应采用专用接地夹接地，其地线应是截面积不小于4mm^2的多股铜线且不应采用熔焊连接。

·当可挠性金属管与盒（箱）连接时，无电气连接的两端应跨接地线，其接地线应是截面积不小于4mm^2的多股铜线。

·在闷顶内从接线盒引向器具的绝缘导线，应采用可挠性金属管或柔性金属管等保护，导线不应有裸露部分。

·可挠性金属管和柔性金属管都不能作为接地或接零的接续导体。

（七）装饰工程配线应符合的要求

·装饰工程的配电线路应采用铜芯导线，导线分支接头应在接线盒内，接头应

焊接。

· 装饰场所或装修部位的配电线路，每条支路均应单独设置带有短路和过载保护装置的断路器进行保护。

· 动力设备和照明装置的配电线路，穿越可燃、难燃装饰材料时，除配电线路应穿保护管外，还应采用玻璃棉、岩棉等非燃材料做隔热阻燃保护。

· 配电线路设置在可燃装饰夹层时，应穿金属导管保护，若受装饰构造条件限制局部不能穿金属导管时，必须采用金属软管，其长度不宜大于2m，导线不得裸露。

· 装饰装修工程中，不应破损原建筑暗敷在墙体内的管线，将电线和接头穿塑料或玻璃丝软管埋在墙体或楼板的灰浆内，电线分支加接线盒，暗敷穿硬质塑料导管。

项目三　导线与导线、导线与设备、器具的连接检测

一、直观检查

（一）导线与导线连接应符合的要求

· 导线接头应设在盒（箱）或器具内，盒（箱）配件齐全，固定牢固，在多尘和潮湿场所，应采用密封式盒（箱）。

· 铜、铝导线连接处，应采取铜铝过渡接续措施。

· 绝缘导线接头，应包扎绝缘，其绝缘水平不应低于导线本身的绝缘强度。

· 明敷配电干线的分支线连接，干线不应受到支线的横向拉力。

· 临时移动电气线路的接头包扎绝缘后，应采用机械保护措施，不得被可燃物覆盖。

（二）导线与设备、器具的连接应符合的要求

· 截面积在 $10mm^2$ 及以下的单股铜芯线可直接与设备、器具的端子连接。

· 截面积在 $2.5mm^2$ 及以下的多股铜芯线，应先将芯线拧紧搪锡或压接端子后再与设备、器具的端子连接。

· 截面积大于 $2.5mm^2$ 的多股铜芯线，除设备自带插接式端子外，应将芯线端部拧紧搪锡压接端子后再与设备或器具的端子连接。

· 设备和器具的端子上，压接的电线不得多于2根。

· 导线与接线端子连接的根部绝缘应良好，对裸露线芯应采用绝缘带严密包缠。

二、仪器检测

（一）仪器检测项目

测量导线接头、导线与设备或器具接线端子的温度，其最高允许温度应符合表12－4和表11－3的规定。

探测导线接头、导线与设备或器具接线端子处的打火放电现象。

测量配电线路的相线电流、中性线电流和PE线电流。

测量配电线路电源侧的电流真有效值，当非线性装置多、容量大时，应对高次谐波

含量进行测量。

表 12－4　导线芯线长期工作最高允许温度

类型	长期工作最高允许温度（℃）
聚氯乙烯绝缘导线	70
橡皮绝缘导线	65

项目四　插座、开关检测

一、直观检查

插座、开关应符合的要求：

·当交流、直流或不同电压等级的插座安装在同一场所时，应有明显的区别，且必须选择不同结构、不同规格和不能互换的插座；配套的插头，应按交流、直流或不同电压等级区别使用。

·落地插座应采用专用产品，保护盖板固定牢靠、密封严实。

·潮湿场所应采用密封型并带保护接地线触头的保护型插座，安装高度不低于1.5m。

·插座、开关靠近可燃物或安装在可燃结构上时，应采取隔热、散热等保护措施。暗装插座、开关应采用专用接线盒，面板紧贴墙面，四周无缝隙。

·安装在B1级以下（含B1级）装修材料内的插座、开关，必须采用防火封堵密封件或具有良好隔热性能的A级材料隔绝。

·导线与插座、开关连接处应牢固可靠，螺丝压紧无松动，面板完好无损。

·额定电压低的插头不能插入额定电压高的插座，额定电流高的插头不能插入额定电流低的插座，插头不应与带电极数不同的插座相互插合（如单相与三相插头插座）。

·用于0类设备的插头（不带接地极的插头），不能插入带接地插套的插座；Ⅰ类设备的插头（带接地极的插头），不能插入Ⅱ类设备专用的插座；不带接地极（采用双重绝缘或加强绝缘制作的插座）。

·插头与插套接触良好，无松动现象。接地触头无劣化，能保证正常接地。

·插头插销或插座插套没有熔焊痕迹，插销或插套周围的绝缘材料没有烧焦炭化的迹象；插销或插套没有妨碍插拔的受热变形等损坏现象，插销孔光滑无损。

·移动式插座应符合下列规定：

①多功能移动插座电源线应采用铜芯电缆或护套软线，其软缆或软线的截面积应与插座额定值相匹配。绝缘无磨损，导线无外露现象。其长度不宜超过2m；

②应具有保护接地线（PE线）；

③不应放置在可燃物上或被可燃物覆盖；

④不应串接使用；

⑤不应超负荷使用。

二、仪器检测

插座接线应符合的规定：

· 单相两孔插座，面对插座的右孔或上孔与相线连接，左孔或下孔与零线连接；单相三孔插座，面对插座的右孔与相线连接，左孔与零线连接；

· 单相三孔、三相四孔及三相五孔插座的接地（PE）或接零（PEN）线接在上孔；插座的接地端子不与零线端子连接；同一场所的三相插座，接线的相序一致；

· 接地（PE）或接零（PEN）线在插座间不串联连接。

此外，测量插头、插座和开关各端子处的温升值，其在负荷状态下不得超过45K。

项目五　电力电缆线路检测

一、一般要求

（一）电力电缆线路应符合的要求

· 在室内及电缆沟、隧道、竖井内明敷时，不应采用有易延燃外护层的电缆，对带有麻护层的电缆，应剥除麻护层并对其铠装进行防腐处理。

· 1kV 及以下电力电缆和控制电缆，用1kV 摇表摇测的绝缘电阻值不低于10MΩ。

· 通过易受机械损伤、过热、腐蚀等危害的地段时，应采取相应的保护措施。

· 终端和中间接头的接头连接应牢固可靠、绝缘良好。

· 表面允许温升应符合表12－5 的规定。

表12－5　电力电缆最高允许温度和表面允许温升值

电缆类型	缆芯长期允许温度（℃）	表面允许温升（K）	
		带铠装	不带铠装
节油性浸渍绝缘电缆（10kV 及以下）	65	20	25
交联聚乙烯电缆	80～90	30～40	25～35
橡胶绝缘电缆	65	20	25

二、直观检查

（一）四芯电缆

三相四线制系统应采用四芯电力电缆，不应采用三芯电缆另加一根单芯电缆或以导线、电缆金属护套作中性线。单独设置的保护地线（PE 线）应靠近电缆敷设。

（二）与热力设备的距离

电缆构筑物中的电缆与热力管道、热力设备之间的净距，平行时不应小于1.0m，交叉时不应小于0.5m；当受条件限制时，应采取隔热措施。电缆不宜平行敷设于热力设备和热力管道的上部。

电缆明敷设时，电缆与热力管道的净距不宜小于1.0m，否则应采取隔热措施。与非热力管道的净距不宜小于0.5m。

（三）在下列地点电缆应用金属（塑料）管、罩进行机械保护

· 电缆进入建筑物、隧道，穿过楼板或墙壁处。

· 从沟道引至电杆、设备、墙外表面或屋内行人容易接近处，在地面高度2.0m以下的一段。

· 其他可能受到机械损伤的地方。

（四）直观检查的项目

· 电缆沟内应无杂物，无积水、渗水现象，盖板齐全，且应采用不燃材料制作。电缆隧道内应无杂物，照明、通风、排水、消防等设施应符合设计要求，完好无缺。

· 电缆进入电缆沟、隧道、竖井、建筑物、盘（柜）或穿入管子时，出入口应封闭，管口应密封。

· 电缆沟道、竖井的电缆应排列整齐，固定敷设在支架上，不得交错放置在沟道底面，垂直敷设于沟道、竖井、桥架上的电缆应固定良好，防止重力拉伤电缆绝缘。

· 三相或单相的交流单芯电缆不得单独穿于钢导管内。

· 电缆防火涂料无脱落，裸铅包电缆的铅皮无龟裂、腐蚀现象。

· 电力电缆不应和输送甲、乙、丙类液体管道、可燃气管道、热力管道敷设在同一沟内。

三、仪器检测

（一）电力电缆线路检测项目

电缆绝缘电阻的检测应符合的规定：

（1）一般情况，绝缘电阻测试是在断电条件下采用兆欧表法进行测量。兆欧表电压等级的选择：

①100V以下的电气设备或者回路，采用250V兆欧表；

②500V以下且大于等于100V的电气设备或回路，采用500V兆欧表；

③3000V以下且大于等于500V的电气设备或回路，采用1000V兆欧表；

④10000V以下且大于等于3000V的电气设备或回路，采用2500V兆欧表；

（2）测量绝缘电阻应符合的规定：

①应使用60S测量时间的绝缘电阻；

②多绕组设备进行测试时，非被测绕组应接地；

③测量馈电线路绝缘电阻时，应将断路器、用电设备、电器和仪表等断开。

（3）绝缘电阻值应符合的要求：

①电线相与相以及相对地之间的绝缘电阻不应低于0.5兆欧。导体绝缘层不应有机械损伤痕迹、变色、脆裂、炭化现象；

②B.1kV及以下电力电缆和控制电缆，用1000V摇表摇测得到的绝缘电阻值不应低于10兆欧。

此外，还应检查受检单位对电缆绝缘电阻的测试记录，试验结果应符合技术规定；

测量电缆负荷电流、电缆线芯和绝缘表面温度。

四、电缆终端和接头

（一）直观检查

电缆终端和接头应符合下列要求：

· 电缆终端头和接头绝缘良好。

· 电缆终端头的绝缘套管应完整清洁，绝缘胶应无塌陷、无软化现象，电缆终端头应无漏油，铅包及封铅应无龟裂现象。并列敷设的电缆，其接头位置宜相互错开。

· 电缆终端引线及其接线端子的接触应良好，无过热现象。

· 接地线应无松动、断股现象。

（二）仪器检测

电缆终端和接头仪器检测项目：

· 检测电缆及电缆终端的外表最高允许温升应符合表 11 －5 的规定。电缆终端和接头的温度场分布正常，无局部过热现象。

· 检测电缆终端和接头，不应有打火放电现象。

· 电缆头引线的线间和线对地间的绝缘电阻值必须大于 0. 5MΩ。

五、电力电缆接地

（一）电力电缆的接地应符合的要求

· 铠装电力电缆头的接地线应采用铜绞线或镀锡铜编织线，其截面积不应小于表 12 －6的规定。

· 三芯电力电缆终端的金属护层必须接地良好，塑料电缆每相铜屏蔽和钢铠应锡焊接地线。电缆通过零序电流互感器时，电缆金属护层和接地线应对地绝缘。电缆接地点在互感器以下时，接地线应直接接地；接地点在互感器以上时，接地线应穿过互感器接地。

· 金属电缆桥架及其支架和引入、引出的金属电缆导管必须接地，电缆全长不应少于 2 处与接地保护导体（PE）连接。

· 在民用建筑高温或有耐火要求的场所中，使用的矿物绝缘（MI）电缆的铜外套及金属配件应可靠接地。

表 12 －6　电缆芯线和接地线截面积

电缆芯线截面积（mm^2）	接地线截面积（mm^2）
120 及以下	16
150 及以上	25
注：电缆芯线截面积在 $16mm^2$ 及以下，接地线截面积与电缆芯线截面积相等	

六、电缆防火与阻燃

（一）一般要求

电缆防火与阻燃应采取下列措施：

· 电缆穿越防火分区、竖井、墙壁、楼板或进入电气盘、柜的孔洞处，应用防火堵料密实封堵。

· 在重要的电缆沟和隧道中，应分段或用软质耐火材料设置阻火墙。

· 对重要回路的电缆，可单独敷设于专门的沟道中或耐火封闭槽盒内，或对其施加防火涂料、防火包带。

· 在电力电缆接头两侧及相邻电缆 2.0 ~ 3.0m 长的区段施加防火涂料或防火包带。

· 敷设在竖井内和穿越不同防火分区的桥架，按设计要求的位置，应有防火隔堵措施。

· 电缆束周边的环行间隙、贯穿孔口处电缆之间应采用防火封堵材料严密封堵。

· 采用耐火或阻燃型电缆。

（二）直观检查

电缆防火与阻燃应符合下列要求：

· 导线管、单根电缆或电缆束、母线（槽）、电缆桥架（线槽）或封闭式电缆线槽等的贯穿孔口和建筑缝隙的防火封堵（隔堵）材料表面应无明显的缺口、裂缝和脱落现象，防火封堵组件安装牢固，不得脱落。

· 电缆防火涂料应涂刷均匀，电缆束无漏涂缆面，涂层无龟裂、脱落现象。

项目六　低压电器检测

一、一般要求

（一）低压电器安装应符合的规定

· 电器在柜、屏、台、箱（盘）或建筑墙（柱）上，应采用金属支架、卡轨、绝缘板固定平整，使其牢固可靠。

· 柜、屏、台、箱（盘）的固定支架、金属框架和箱体外壳必须接地（PE）或接零（PEN），装有电器的可开门和金属框架接地端子间，连接的编制铜线不应断裂松脱。

· 抽出式配电柜，抽屉抽推灵活，动、静触头接触紧密。

· 有防震要求电器的减震装置，其紧固螺栓应采用防松措施。

（二）低压电器接线应符合的规定

· 接线应排列整齐，导线绝缘良好，无损伤。

· 电源线应接在电器固定触头端，不应反接在可动触头端，且电器不得上下倒置安装。

· 电器端子接线应采用铜质或有电镀金属层的防锈螺栓和螺钉压接牢固，防松弹簧垫圈无缺损。

·与电器连接的电线端部应绞紧，无松散、断股缺陷。

·电器外露可导电外壳接地应连接可靠，完好无损。

二、直观检查

·电器发热元件周围应散热良好，与导线间应有隔热措施。

·熔断器熔体的额定电流、低压断路器的整定值电流应与导体截面相匹配，动作可靠。一般在由过负荷电流引起的导体温升对导体绝缘、接头、端子或导体周围的物质造成损害前就应切断负荷电流。

·电器端子安装牢固，端子规格与所连接的导线截面大小适配。

·电磁型电器不应有异常电磁振动声音。

·负荷开关、隔离电器和控制电器的灭弧罩、触头间隔板应完好，无缺损。

·剩余电流动作保护器应符合的要求：

（1）剩余电流动作保护器（RCD）应安装在建筑物的电源进线或配电干线分支处，一般宜用于报警，作用于动作时，剩余电流整定值不应超过500mA。

（2）剩余电流动作保护器的接线应符合下列规定：

·剩余电流动作保护器的接线应与低压配电系统保护接地型式相对应，具体接线方法见模块六项目二。

·剩余电流动作保护器负载侧的中性线不得与其他回路共用。

·不应将PEN线穿过剩余电流动作保护器的零序电流互感器。

·不应用导线将剩余电流动作保护器电源侧与负荷侧接线端子直接跨接。

·剩余电流动作保护器所保护的线路及设备外露可导电部分应可靠接地。

（3）剩余电流动作报警器表面无腐蚀、涂层脱落起泡、机械划痕现象，显示正常。

（4）剩余电流动作保护器需要在电源接通的情况下，每月按动按钮一次，雷雨潮湿季节应适当增加试验次数，并应做好试验和运行记录。

·配电箱和开关箱应符合下列要求：

·在使用低于B1级装修材料的房间内，配电箱和开关箱必须采用不燃材料制作，其壳体和底版应采用A级材料。

·配电箱（盘）和开关箱不应直接安装在低于B1级（含B1级）的装饰材料上，否则应采用岩棉、玻璃棉等A级材料隔热。

·配电箱（盘）和开关箱周边0.3m内不应有可燃物，箱门操作方便，不得被他物遮挡，箱体内和下方不得搁置和堆放可燃物。

·可燃材料仓库的配电箱和开关宜设置在库房外，并有防湿和防雨、防雪措施。

·配电箱（盘）内配线整齐，无铰接现象，导线连接紧密，不伤芯线，无断股，绝缘良好，垫圈下螺丝两侧压接的导线截面相同，同一端子导线连接不多于2根，防松垫圈等零件齐全。

·配电箱（盘）和开关箱内开关动作灵活可靠，接触良好，触头无烧蚀现象。

·配电箱（盘）和开关箱内，配电回路漏电安全保护装置的动作电流不应超过30mA，动作时间不大于0.1s且动作可靠。

·熔断器不得随意更换原配熔体规格，并不应用其他金属丝代替熔体。

·照明配电箱（盘）内，应分别设置中性线（N 线）和保护地线（PE 线）汇流排，标识清晰，零线和保护地线应分别经各自的汇流排配出，不得铰接或交错混配。

三、仪器检测

低压电器仪器检测如下项目：

·测量配电回路各相相线电流、中性线（N 线）和保护地线（PE 线）电流，测量频繁故障或绝缘不良回路的漏电电流值，排除绝缘水平降低的潜在危险。

·测量配电回路电流的真有效值，对非线性装置多、容量大的回路，应测量高次谐波含量。

·测量柜、屏、台、箱（盘）内母排连接、分支点、开关电器接线端子的温度，其允许温度应符合相关的规定要求。同相上下端子的相对温差值宜小于 10℃。

·测听柜、屏、台、箱（盘）内开关电器的打火放电声响。

·查验自动开关负荷出线导线规格与截面，其允许载流量应大于热脱扣器的整定电流值。

·查验剩余电流动作报警器的运行记录，从漏电电流的变化中判断漏电火灾隐患趋势。

·测试剩余电流动作保护器（RCD）动作的可靠性。

·查验导线绝缘电阻测试报告，用兆欧表现场抽测导线绝缘电阻，并予以记录。

模块十三　特殊场所的电气检测

学习目标

1. 掌握大型文艺演出场所的电气检测方法；
2. 掌握公共娱乐场所电气检测方法；
3. 掌握展览展销场所及建材家具灯饰商品集贸市场电气检测方法；
4. 掌握施工场地电气检测方法；
5. 掌握桑拿浴室电气检测方法；
6. 掌握宾馆家具、商业橱窗展柜内电气的检测方法。

项目一　大型文艺演出场所电气检测

一、直观检查

（一）配电箱应符合的规定

·室内临时配电箱应固定牢固，各回路断路器和保护电器应设置在封闭的金属配电箱内。

·室外配电箱应有防雨雪措施，进出线口应设在箱体的下方。

·配电箱近旁不得堆放可燃物及其他杂物。

·配电箱的接地线应牢固可靠、完好无损。

（二）线路敷设应符合的规定

·线路沿建筑物敷设时应固定牢固，防止导线直接承受拉力。

·室内临时线路应使用橡皮绝缘软线，导线在横穿通道地面处应有防机械损伤措施。

·导线的连接点均使用插件或专用连接器连接，必须有防止导线连接点直接承受拉力的措施。

·橡胶绝缘软线不宜盘绕在一起放置，否则应采取通风散热措施。

·一般情况，中性线截面积应与相线截面积相等。当有可控硅调光装置时，中性线截面积不应小于相线截面积的 2 倍。

（三）灯具的安装与使用应符合的规定

·固定在移动构架上的灯具，其导线应有防止机械损伤措施。当移动构架时，导线不应承受拉力和遭受磨损。

·固定构架上的灯具应采用专用支架与构架固定牢固。

·用于舞台效果的灯具，其灯头引线均应采用耐高温导线或穿瓷管保护，再经接线柱与灯具连接，导线不得靠近灯具表面。

·照明装置与可燃物的距离必须符合电气检测 6.1.2.3 的规定。

二、仪器检测

·检测低压断路器、低压隔离开关、刀开关、熔断器、剩余电流动作保护器的各接线端子处的温度，其温度不应超过表 12－3 中最高允许温度。

·检测灯具附件（镇流器等）的温度，其温度不应超过电气检测 6.1.3.1 规定的最高允许温度。

·检测成束敷设和成堆堆放的橡胶绝缘软线的温度，其温度不应超过表 13－2 中最高允许温度。

·检测导线插件的温度，其温度不应超过表 13－2 中最高允许温度。

·检测低压断路器、低压隔离开关、刀开关、熔断器和剩余电流动作保护器的各接线端子，不应有打火放电现象。

·测量低压断路器的各相电流、中性线电流和 PE 线异常电流。

项目二　公共娱乐场所电气检测

一、公共娱乐场所的范围

·影剧院、录像厅、礼堂等演出、放映场所。

·舞厅、卡拉 OK 厅、多功能厅等歌舞娱乐场所。

·具有娱乐功能的夜总会、音乐茶座和餐饮场所。

·游艺、游乐场所。

·保龄球馆、旱冰场等营业性健身、休闲场所。

二、直观检查

（一）配电箱应符合的规定

·在使用低于 B1 级装修材料的房间内，配电箱和开关箱必须采用不燃材料制作，其壳体和底版应采用 A 级材料。

·配电箱（盘）和开关箱不应直接安装在低于 B1 级（含 B1 级）的装饰材料上，否则应采用岩棉、玻璃棉等 A 级材料隔热。

·配电箱（盘）和开关箱周边 0.3m 内不应有可燃物，箱门操作方便，不得被他物遮挡，箱体内和下方，不得搁置和堆放可燃物。

·可燃材料仓库的配电箱和开关宜设置在库房外，并有防湿和防雨、雪措施。

·配电箱（盘）内配线整齐，无铰接现象，导线连接紧密，不伤芯线，无断股，绝缘良好，垫圈下螺丝两侧压的导线截面相同，同一端子导线连接不多于两根，防松垫圈等零件齐全。

·配电箱（盘）和开关箱内开关动作灵活可靠，接触良好，触头无烧蚀现象。

·配电箱（盘）和开关箱内，配电回路漏电安全保护装置的动作电流不应超过30mA，动作时间不大于0.1s，且动作可靠。

·熔断器不得随意更换原配熔体规格，并且不应用其他金属丝代替熔体。

·照明配电箱（盘）内，应分别设置中性线（N线）和保护地线（PE线）汇流排，标识清晰，零线和保护地线应分别经各自的汇流排配出，不得铰接或交错混配。

（二）线路敷设应符合的规定

·线路敷设应采用铜芯绝缘导线，其最小截面积不应小于1.5mm^2。

·室内的配电线路宜采用金属管暗敷在墙内，当明敷时，所有配电线路必须穿金属管（槽）保护。导线不得外露，横穿通道地面的导线应采取固定的机械保护措施。

·在可燃装饰夹层内的暗敷配电线路，应穿金属管保护，若受条件限制局部不能穿金属管时，可穿金属软管保护。其长度不应大于2m，导线不得裸露。

·不应擅自拉接临时电气线路。

·导线穿越可燃装饰材料时，应采用玻璃棉、石棉等不燃材料做隔热保护。

·移动式灯具的电源线，应当采用橡胶绝缘软线，其长度不宜大于2m。

·灯具、开关、插座、吊扇、壁扇等电器安装处应设置接线盒，导线的接头应在盒内压接。

·建筑物吊顶部位的灯槽布线应等同于闷顶内布线。当有可燃物时必须穿金属管保护。若受条件限制局部不能穿金属管时，可穿金属软管，导线不得裸露。无可燃物时可穿难燃型刚性塑料管保护。

（三）插座的安装与使用参见模块八《照明工程》中的项目三

（四）灯具的安装与使用参见模块八《照明工程》中的项目三

三、仪器检测

同大型文艺演出场所的仪器检测方法。

项目三　展览展销场所及建材家具灯饰商品集贸市场电气检测

一、直观检查

（一）配电箱应符合有关规定

（二）线路敷设

·线路敷设应采用铜芯绝缘导线，其最小截面积不应小于1.5mm^2。

·室内的配电线路宜采用金属管暗敷在墙内，当明敷时，所有配电线路必须穿金属管（槽）保护。导线不得外露，横穿通道地面的导线应采取固定的机械保护措施。

·在可燃装饰夹层内的暗敷配电线路，应穿金属管保护，若受条件限制局部不能穿金属管时，可穿金属软管保护。其长度不应大于2m，导线不得裸露。

·不应擅自拉接临时电气线路。

·导线穿越可燃装饰材料时，应采用玻璃棉、石棉等不燃材料做隔热保护。

·移动式灯具的电源线，应采用橡胶绝缘软线，其长度不宜大于2m。

·灯具、开关、插座、吊扇、壁扇等电器安装处应设置接线盒，导线的接头应在盒内压接。

·建筑物吊顶部位的灯槽布线应等同于闷顶内布线。当有可燃物时必须穿金属管保护。若受条件限制局部不能穿金属管时可穿金属软管，导线不得裸露。无可燃物时可穿难燃型刚性塑料管保护。

（三）插座的安装与使用参见模块八《照明工程》中的项目三

（四）灯具的安装与使用参见模块八《照明工程》中的项目三

（五）电器设备的使用应符合的规定

·使用时可能产生电火花和电弧的电气设备近旁不应堆放可燃物和其他杂物。

·商品柜、灯箱等内部如有高温热源时，应选用机械强度高、耐高温、绝缘性能好的材料制作，并应通风冷却良好，且照明灯具应采用塑套绝缘配线。

·展柜（台）内照明灯具的表面高温部位靠近可燃物时，应采取有效的隔热和散热措施。

·产生温度的电气设备、灯具等不应集中安装在一处，否则应采取有效的隔热和散热措施。

·可燃结构的展柜（台）近旁不应使用碘钨灯、高压汞灯等高温灯具。

二、仪器检测

同大型文艺演出场所的仪器检测方法。

项目四　施工场地电气检测

一、直观检查

（一）配电箱

配电箱应符合下列规定：

·施工场地的配电箱应能耐受撞击、振动、雨淋、日晒等严酷环境，并用不燃材料或铁板制成。

·配电箱的进出线口应在箱的下方。

·配电箱外壳的防护等级应按照相关规定执行。

·配电箱近旁不得堆放可燃材料及其他杂物。

·配电箱应由专人管理，只能用钥匙或专用工具才能开启。

·非电工人员只能通过配电箱对外开启的插座将电气设备在空载状态下接入插座，其额定电流不应大于10A。

· 总配电箱的三相电源进线处必须装设三相剩余电流动作保护器，一般选用低灵敏度延时型，其额定剩余动作电流可选 300mA 或 500mA。

（二）线路敷设

线路敷设应符合下列规定：

· 施工场地架空线路的电杆应避开易受碰撞、易受雨水冲刷和应避开热力管道和交通车辆频繁的场所，安装时应尽量减少导线连接端子承受的力。

· 应采用电缆或绝缘导线。

· 电缆敷设的路径应尽量避免与车行道交叉，交叉时必须套以钢管作机械保护。

· 工棚内的电气线路，除橡套软电缆和护套外，均应固定在绝缘子上，穿墙时应套绝缘管。

· 电气线路不得接触潮湿地面，不得靠近热源，不得直接绑挂在金属构架上任其晃动而不加绝缘子固定。

· 在竹木脚手架上敷设线路时应采用绝缘子固定，在金属脚手架上敷设线路时应采用木横担和绝缘子固定。

· 移动电缆应采用铜芯重型橡套电缆。

（三）用电设备

用电设备应符合下列规定：

· 移动式或手持式电动工具的电源线应采用铜芯橡套软电缆或聚氯乙烯绝缘护套软电缆，使用中应防止受热源烘烤和受机械损伤。

· 施工场地户外灯具的外壳防护等级不应低于附录 A 的 IP33。附录 A 中表 1 代表 IP 后面第 1 位数字，表 2 代表 IP 后面第 2 位数字。

（四）接地

接地应符合下列规定：

· 在施工开始之初应用自然的或人工的接地极做好接地保护，在埋建筑物基础钢筋后，该基础钢筋应既作建筑物的永久性接地极，又作施工时的临时接地极。

· 施工场地的总配电箱和各分配电箱的 PE 线母排和电源插座的接地端子必须可靠接地。

二、仪器检测

同大型文艺演出场所的仪器检测方法。

项目五　桑拿浴室电气检测

一、直观检查

· 桑拿浴室内应按高温对线路、设备绝缘的危害程度作如下分区，如图 13－1 所示（分 1、2、3、4 区），以便按区域分别采取不同的安全措施，将起火的概率降至最小。

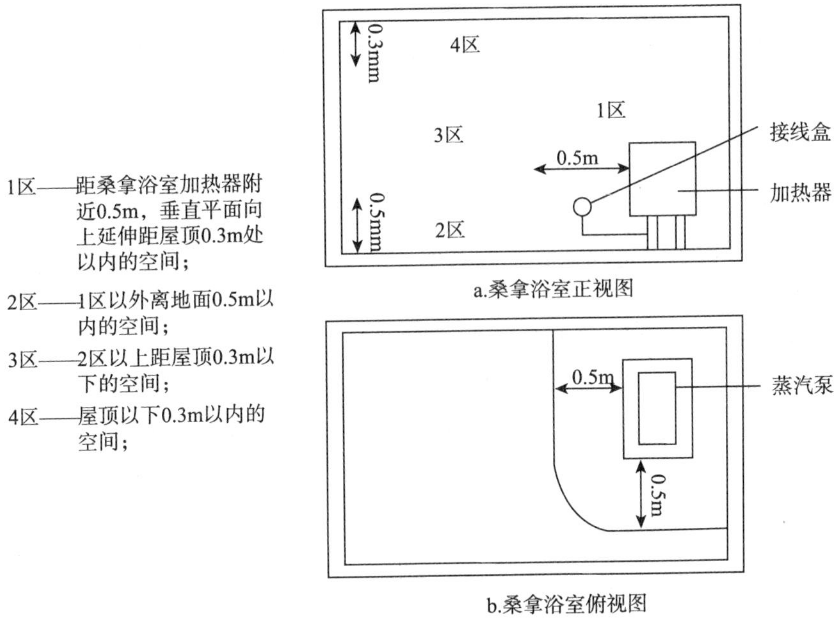

图 13－1　桑拿浴室正俯视图

·电气设备和线路防止高温危害的要求如下：

1 区，在此区内除加热设备外，不得安装其他设备和线路，加热器的电源引线应符合产品本身耐高温要求，加热器距墙壁应大于 100mm，并应加装隔热板。

2 区，在此区内对线路和设备无耐高温要求。

3 区，在此区内电气设备和绝缘导线应符合耐持续高温的要求。

4 区，在此区内只能装设加热器用的限温控制器（定温器及热脱扣器），当该区内的温度超过设定温度时，该控制器应自动切断加热器或蒸汽泵电源，其耐高温要求和 3 区相同。

·电气线路和设备外护物和遮拦的防护等级均应按照《IP 防护等级划分》的 IP24 执行。

·除加热器的开关外，其他开关均应安装在桑拿浴室墙外。

·桑拿浴室内不应装设电源插座。

·桑拿浴室内的线路应为双重绝缘，不得采用金属外皮的电缆或普通钢管布线，其绝缘电阻不应小于 0. 5MΩ。

二、仪器检测

检测图 13－1 中 1 区和 3 区的室温。

项目六　宾馆家具、商业橱窗展柜内的电气检测

一、直观检查

（一）线路附件的选用和安装线路附件（插座、小型开关等）

线路附件应牢固地固定在家具上，其对固体物的防护等级不应低于《IP 防护等级划分》的 IP3X 执行。它应具有较高的机械强度和耐高温能力。

（二）灯具和其他电器的安装

·灯具外罩、附件和其他电器外护物的温度正常时不应超过 90℃，故障时短时间不应超过 115℃。应注意满足制造厂规定的灯具和其他电器距可燃物质安全距离的要求。

·在灯具上或其家具上应标明配置灯泡的最大允许功率。

·家具内用电器具（含照明）应在门上装设一联动开关，在关门时能自动可靠地切断用电器具的电源。

·灯具和其他电器的全部负荷电源不得大于 16A。

二、线路敷设

·用以连接家具和建筑物间的线路应符合下列规定：当与建筑物线路固定连接时，采用单芯硬导体护套线。当通过墙上插座连接时，采用橡胶绝缘或塑料绝缘软电缆和软护套线。

·家具内的线路如需挪动，应采用橡胶绝缘软电缆或软护套线。

·家具内的线路应采用铜芯护套线，其截面积不得小于 1.5mm^2，如线路不供给插座用电且线路长度不超过 10m，则其最小截面积可为 0.75mm^2。

·家具内的线路应牢固地固定（或用套管、线槽保护）或置于家具内不会受损伤的空槽内。

·家具内线路不应承受拉力和扭力，家具进线处和靠近线路接头处的线路应采取减少线路受力的措施。

三、仪器检测

·检测灯具外罩、附件和其他电器外护物温度。

·检测插座和小型开关，不应有打火现象。

章节小结

在电气检测工作中，一些特殊场所具有相应的环境特点，为确保电气安全，检测方法尤为重要。本模块中，重点介绍了大型文艺演出场所、公共娱乐场所、展览展销场所及建材家具灯饰商品集贸市场、施工场地、桑拿浴室、宾馆家具、商业橱窗展柜内等场所的电气直观检查和仪器检测的方法。

参考文献

1. 高庆敏：《电气防火技术》，机械工业出版社 2012 年版。

2. 北京市建设教育协会：《质量员》，中国建材工业出版社 2014 年版。

3. 北京市建设教育协会：《电气施工员》，中国建材工业出版社 2014 年版。

4. 中华人民共和国住房和城乡建设部：《建筑电气工程施工质量验收规范》，中国计划出版社 2016 年版。

5. 中华人民共和国住房和城乡建设部：《建筑设计防火规范》，中国计划出版社 2015 年版。

6. 中华人民共和国建设部：《民用建筑电气设计规范》，中国建筑工业出版社 2008 年版。

7. 郑瑞文、刘振东：《消防安全技术（第二版）》，化学工业出版社 2014 年版。

附录

IP 防护等级划分

IP 防护等级系统将设备依其防尘防湿特性分级，由字母 IP 及二位标示数字组成，第一位数字表示防固体异物进入的等级，第二位数字表示防水进入的密闭程度，如表 1、表 2：

表 1　防固体异物进入（第一位数字）

防护等级	技术要求	概述
0	无防护	不要求专用的防护
1	防范大于 50mm 的固体异物	能防止直径大于 50mm 的固体异物进入 能防止人体偶然或无意识地进入并触及带电部分或运行部分
2	防范大于 12mm 的固体异物	能防止直径大于 12mm 的固体异物进入 能防止手指触及内部带电部分或运行部分
3	防范大于 2. 5mm 的固体异物	能防止直径大于 2. 5mm 的固体异物进入 能防止厚度（或直径）大于 2. 5mm 的工具、导线等触及内部带电部分或运行部分
4	防范大于 1mm 的固体异物	能防止直径大于 1mm 的固体异物进入 能防止厚度（或直径）大于 1mm 的工具、导线等触及内部带电部分或运行部分
5	防尘	能防止灰尘进入量达到影响设备功能的程度。
6	尘密	完全防止灰尘进入。 完全防止人体接触及内部带电部分或运行部分。

表 2 防水进入（第二位数字）

防护等级	技术要求	概述
0	无防护	不要求专用的防护
1	防滴	垂直的滴水不能直接进入
2	15°防滴	与铅垂线成 15°角范围内的滴水不能直接进入
3	防淋水	与铅垂线成 60°角范围内的淋水不能直接进入
4	防溅	任何方向的溅水无有害影响
5	防喷水	任何方向的喷水无有害影响
6	防海浪或强力喷水	猛烈的海浪或强力喷水无有害影响
7	浸水	在规定的压力和时间下浸在水中，进水量无有害影响
8	潜水	在规定的压力下长时间浸在水中，进水量无有害影响